乐龄

悦读

程 伟 — 主编

2402

中国社会出版社

国家一级出版社·全国百佳图书出版单位

图书在版编目（CIP）数据

乐龄悦读 . 2402 / 程伟主编 . -- 北京 ：中国社会
出版社 ，2024.6
　ISBN 978-7-5087-7047-5

　Ⅰ . ①乐… Ⅱ . ①程…Ⅲ . ①老年人－生活－知识
Ⅳ . ① Z228.3

中国国家版本馆 CIP 数据核字 (2024) 第 086603 号

**乐龄悦读 · 2402**

出 版 人：程　伟
终 审 人：李新涛
责任编辑：马潇潇
封面设计：时　捷
出版发行：中国社会出版社
　　　　　（北京市西城区二龙路甲 33 号　邮编100032）
印刷装订：河北鑫兆源印刷有限公司
版　　次：2024 年 6 月第 1 版
印　　次：2024 年 6 月第 1 次印刷
开　　本：185mm×260mm　1/16
字　　数：210 千字
印　　张：12
定　　价：45.00 元

# 《乐龄悦读》指导单位

工业和信息化部离退休干部局

中国人民银行离退休干部局

中国小康建设研究会助老工作委员会

中国老龄事业发展基金会

水利部离退休干部局

北京卫戍区老干部工作办公室

司法部离退休干部局

国家林业和草原局离退休干部局

国家国防科技工业局离退休干部局

国家知识产权局离退休干部部

国资委机关离退休干部局

国资委建材离退休干部局

国资委轻工离退休干部局

国资委商业离退休干部局

# 目 录

# 目 录

# 穿出年轻好气质

李梦迪

中老年女性在衣着方面不要盲目追求流行款式，不要刻意把自己打扮得像小姑娘一样，这样做会适得其反。其实，只要心态好，中老年女性完全不需要隐藏年龄，得体大方的着装会显示出其成熟、迷人的美。只有根据自己的先天条件和气质穿出自己的独特风格，才是有品位的选择。

中老年女性着装搭配要注意自己的体形，尤其是有点儿发福的中老年女性，因为小腹微胖，腰身不够明显，所以应该尽量选择直线条的服装，不要选择两截式的衣服，上衣下摆也不要束在裤子或裙子里面，以免暴露腰身的缺陷。身材保养得好的中老年女性朋友则可以选择将上衣塞进裤子或裙子里。就是说，需要根据不同人的体形来定，不能一概而论。

选择上衣时，不要选将肚子和臀部全部遮住的长衣服，这种衣服如果下摆过大，则显得人没有精神；若是下摆小的长衣就更糟糕了，衣服紧绷在凸起的肚子上，穿起来不舒服，别人看着也难受。另外，不要穿无袖的衣服，因为对中老年女性而言，上臂尤其是腋窝处容易堆积脂肪，完全裸露上臂就会显得人比较粗壮，不够优雅。短袖衣服的袖长应以在上臂一半处为宜，正好遮住手臂粗壮的部分，使人显得纤瘦有精神。

若是搭配长裤，上衣可在大腿根的位置，搭配筒裙则再短1.5厘米左右为佳。如果是身高不高的中老年女性，穿着的筒裙就不要太长，齐膝或稍过膝盖即可，太长显得拖沓、沉重。

中老年女性在选择服装花色及图案时，不要选择图案太大的衣料，而以选择细格子和条格的面料为宜；如选择花色图案的衣料，图案也以细小的为好。服装的裁剪线条不宜太复杂，简单就好，这样可使人显得轻松、利落。

服装颜色的选择也要注意。可以选择一些色彩饱和度高的颜色，如虾蓝、豆绿、金黄、枣红、蔚蓝等。如果肤色白皙，也可以选择穿玫瑰红、淡黄、海蓝、印度红、浅粉、浅绿等颜色的衣服。如果是正式一些的场合，可以穿套装，也可以搭配黑色筒裙、黑色长裤。春夏则可配白色或者浅色长裤。衣服的材质一定要好，手袋和皮鞋的颜色也要与衣服或裙子（裤子）一致。全身衣饰的颜色最多不要超过三种。

"年轻"不仅是一种状态，更是一个女人不可或缺的心态，只要保持思想活跃，对新事物和生活充满热情，有自信，无论您是中年还是老年，都一样拥有活力。

# 老年人夏季穿衣指南

刘庆同

老年人夏季服装的选择，应以轻薄、宽松为主。要选择一些吸汗能力强、透气性好、穿着舒服、便于清洗的衣物。纯棉质地的服装不容易黏身，散热好，是夏装的最佳选择。老年人的衣服不仅要穿着舒适，而且样式最好也要简单、大方，比如开衫类、罩衫类，这种扣子较少的款式是首选。

老年人的贴身衣物最好选择纯棉面料，千万不要为了省钱选择化纤的衣服。因为化纤衣服与皮肤摩擦会产生静电，有刺激作用，容易引起老年人皮肤瘙痒。老年人的袜子也要选择轻薄、吸汗又透气的棉袜。人的脚部有很多的末梢神经，皮下脂肪比较薄，不能起到很好的保温作用。老年人年龄大了，末梢神经血液循环比年轻人差，也更容易出现脚凉等情况。而且双脚受凉会引起感冒、腹泻、腿麻木等症状。因此，即使是夏天，老年人也要注意脚部的保暖、干爽和透气。

# 补血的"相思豆"——赤豆

姚扶有

赤豆，又名红赤小豆、红豆、红小豆等。它虽然是很普通的食物，但却能被做成众多特色食品，如赤豆粥、赤豆汤、赤豆糕、赤豆包、豆沙粽、豆沙月饼、豆沙汤圆、豆沙春卷、豆沙馄饨、赤豆冰棍等。赤豆既是可口的点心，又是补益的食品，是人们餐桌上常见的美味佳肴。

## 营养成分

营养分析表明，赤豆含蛋白质、糖类、脂肪、纤维素、硫胺素、核黄素、维生素E、烟酸、钾、镁、钙、铁、锌、锰、硒等，是对人体很有益处的红色食品。特别需要强调的是，赤豆含钾量高，能利尿、消肿，对防治高血压和心血管疾病也有助益。赤豆含铁量也较多，能防治缺铁性贫血，常进食赤豆制成的食品，有良好的补血效用。

## 保健功效

中国古人很早就采用赤豆治疗疾病，汉代以来的文献记载指出，服食赤豆有助于利尿祛湿、消退水肿、排脓血、止泄泻、治脚气病、强健筋骨等。

1. 补血。赤豆除了富含蛋白质、脂肪、维生素，还含有别的豆类少有或没有的三萜皂苷、烟酸等。并且赤豆富含铁质，是补血佳品。

2. 解毒，消毒。赤豆中含有大量纤维和钾，此两种成分均有助于将胆固醇及盐分等身体不必要的物质排出体外，因此具有一定的解毒效果。同时，对痈疽疮疥及赤肿(丹毒)也有消毒功用。

3. 利尿消肿。赤豆煮汤饮服，可用于治疗肾脏、心脏、肝脏、营养不良、炎症等多种原因引起的水肿。与黄芪、党参合煎，对贫血引起的气血虚弱、面目浮肿、慢性肾炎水肿及妊娠水肿都有一定疗效，既利尿消肿，又滋补营养。

## 美味食谱

赤豆可整粒食用，一般用于煮饭、

煮粥、做赤豆汤或雪糕之类。由于赤豆淀粉含量较高，蒸熟后具有粉沙性，而且有独特的香气，故常用来做豆沙，成为各种糕团面点的馅料。赤豆还可发制赤豆芽，食用同绿豆芽。

1.冬瓜赤豆粥。

材料：冬瓜50克，赤豆30克，冰糖适量。

制作方法：冬瓜去皮切丁备用；赤豆水煮沸后放入冬瓜和适量冰糖同煮成粥。

贴心叮咛：有利小便、消水肿、解热毒、止烦渴之功效。

2.赤豆粥。

材料：赤豆40克，粳米100克，冰糖适量。

制作方法：将赤豆加水煮至半熟，放入粳米同煮粥；加冰糖调味食用。

贴心叮咛：有健脾益胃、清热解毒、利水、消肿、通乳作用，适用于水肿病、下肢湿气、小便不利、大便稀薄、身体肥胖、产后乳汁不足等症。

3.赤豆玉米须薏仁粥。

材料：玉米须50克，赤豆15克，薏仁30克。

制作方法：将玉米须加适量水先煎10分钟；赤小豆、薏仁洗净入锅，用旺火烧开后转用小火熬成稀粥。

贴心叮咛：温服，每日1次。

4.桂花赤豆汤。

材料：赤豆500克，白糖200克，桂花45克。

制作方法：将赤豆去杂质洗净，放入水中浸泡一晚，使赤豆浸发；将赤豆放在锅中，加清水2000毫升，旺火烧沸后，改用小火焖三小时左右，至赤豆酥烂；加入白糖，撒上糖桂花调匀即可。

贴心叮咛：赤豆要煮酥烂，保持外形完整。桂花赤豆汤是上海有名的传统小吃，始于清朝中期，由上海流动食摊的经营者所创，通常作为消夜点心。

5.黄鸭赤豆汤。

材料：黄鸭1只，赤豆30克，陈皮30克，花生米30克，冬瓜皮100克，料酒、盐、胡椒粉、姜片、葱段各适量。

制作方法：将赤豆、陈皮、冬瓜皮、花生米去杂洗净。陈皮、冬瓜皮装入纱布袋扎口。黄鸭去毛，去内脏，斩去脚爪，洗净，放入沸水锅内余一下，捞出后洗净、斩块。锅烧热放入鸭块煸炒，放入葱、姜、料酒，煸炒至水干。锅内注入适量清水，加入盐、胡椒粉、赤豆、花生米、纱布袋，煮至肉熟烂，拣出葱、姜等，盛入汤盆中即成。

贴心叮咛：黄鸭赤豆汤可为人体提供丰富的营养，具有补中益气、利水消肿的功效。

6.桂花赤豆糕。

材料：糖桂花14克，糯米粉、粳米粉各500克，赤豆、白糖各100克。

制作方法：赤豆洗净煮烂备用。将糯米粉、粳米粉、白糖倒入盆内，搅拌均匀，取出少许作面料用。分次倒入清水，用双手拌揉至水全部吃尽，再把煮烂的赤豆倒入盆内拌匀。取蒸笼一只，下面垫上一块蒸布，把拌匀的糕料倒入，开着盖用旺火沸水蒸20分钟左右。等到蒸糕呈赤色时，再把少许用作面料的糕粉均匀撒在上面，加盖略焖片刻即熟。出锅后，在蒸糕上撒上糖桂花，用刀切成方块食用。

贴心叮咛：桂花赤豆糕可补益脾胃，适用于脾胃虚弱、体虚乏力者。

**温馨小贴士**

赤豆汤加红糖饮用，防治缺铁性贫血的效果将会更好。但要注意两点：一是煮赤豆汤时应掌握好加糖时机，须在赤豆煮烂之后加糖，若太早加糖，则赤豆较难煮烂；二是食用赤豆可能会产生肠胃饱滞的情况，煮赤豆汤时加入适量具有通气消滞作用的陈皮，即能减少饱滞的情况。

# 食物巧搭配　营养好滋味

李德勇

**鸡肉＋栗子**

补血养身，适用于贫血之人。鸡肉可以补血疗虚，栗子重在健脾。

**鸭肉＋山药**

补阴养肺，适用于体质虚弱者。鸭肉补阴，并可清热止咳。山药的补阴作用更强，与鸭肉同食，可消除油腻，同时可以很好地养肺。

**瘦肉＋大蒜**

促进血液循环，消除身体疲劳，增强体质。瘦肉中含有维生素 $B_1$，与大蒜的蒜素结合，不仅可以使维生素 $B_1$ 的析出量提高，延长维生素 $B_1$ 在人体内的停留时间，同时还能促进血液循环以尽快消除身体疲劳，增强体质。

### 鸡蛋+百合

滋阴润燥，清心安神。百合能化痰去火，补虚损，而鸡蛋能除烦热，补阴血，同食可以更好地清心补阴。

### 芝麻+海带

美容，抗衰老。芝麻能改善血液循环，促进新陈代谢，降低胆固醇。海带则含有丰富的碘和钙，能净化血液，促进甲状腺素的合成。同食则美容、抗衰老效果更佳。

### 豆腐+萝卜

有利于蛋白质的消化吸收。豆腐富含植物蛋白，脾胃虚弱的人多食会消化不良。萝卜有很强的助消化能力，同煮可使豆腐中的营养被更好地吸收。

### 猪肝+菠菜

猪肝、菠菜都具有补血的功能，一荤一素，相辅相成，非常适合贫血之人食用。

# 怎样吃才算"低盐饮食"

李德勇

大多数患有高血压病的朋友都知道：若要血压好，就得少吃盐；坚持低盐饮食，每人每天吃盐要少于5克。但是该如何少吃盐呢？我们来看看邻居王老伯老两口一天的食谱。他们二位都是高血压病患者。下面咱们边看食谱，边聊低盐饮食。

**早餐：每人一个鸡蛋，一杯牛奶，一碗粥，一块腐乳**

这份早餐看上去不错，有蛋、有奶、有粥，但这一块腐乳是"败笔"。为什么呢？因为腐乳含盐量很高。一块4厘米见方的腐乳，含盐量可以达到6克。

平时，我们常常会用一些腌制食品来佐餐，尤其是吃早餐时，我们会吃些榨菜、泡菜、咸菜、咸肉、咸蛋等食品。其实，这些腌制食品含盐量都很高。例如，每100克榨菜里含盐量就高达11克。在吃这些腌制食品时，我们常常不知不觉就吃了很多盐。

所以，低盐饮食第一条：少吃腌制食品。

**午餐：一人一包方便面，两根火腿肠，一个西红柿**

午餐有荤、有素，也挺方便。但是从低盐饮食的角度看，这份午餐有问题。首先，方便面在制作过程中加了盐，而其中的调味包含盐量更高。其次，火腿肠含盐量也高，每100克火腿肠含盐1.5克。

方便面、火腿肠等食品在加工过程中往往都加入了盐，有些含盐量还挺高。随着生活节奏的加快，我们吃加工食品的频次多了起来，而加工食品中所含的盐量不易控制和计算。

所以，低盐饮食第二条：远离加工食品。尽量做饭吃，这样可以自己控制盐的摄入量。

**晚餐：红烧鱼、糖醋黄瓜、酸辣汤、一人一碗米饭，其中红烧鱼加盐5克，糖醋黄瓜加盐2克，酸辣汤加盐3克**

这份晚餐一共加盐10克，都是用"盐勺"精确计量过的，看上去完全符合低盐饮食的标准。但是仔细一想，问题就多了。

红烧鱼里有酱油，糖醋黄瓜要加醋，酸辣汤里有辣酱。这些调料都是含有盐的。我们常吃的酱油含盐量8%～20%；再说醋，几乎所有的醋都是加了盐的。这么一算，这顿晚餐的含盐量便超过了10克。

所以，低盐饮食第三条：限制使用调味品，少放些酱油，少加些味精。

说到这里，朋友们可能有疑问了：低盐饮食，又不是"无盐饮食"。每人每天吃5克盐，又要限制调味品，实在感觉这菜有些淡。这如何解决呢？有办法——买低钠盐，这种盐中钠的含量少，但是口味不淡，而且加了钾，对身体也有好处。这就是低盐饮食第四条：吃盐要吃低钠盐。

还有个小窍门，做菜的过程中可以少加盐或者不加盐，等到起锅的时候，再轻轻地撒上一些盐，这样既减少了吃盐量又不改变味道。

总结一下，低盐饮食四条原则就是：少吃腌制食品，远离加工食品，限制使用调味品，吃盐要吃低钠盐。

# 浓郁飘香的茶叶蛋

杨志艳

"这是我妈妈卤的茶叶蛋,挺好吃的,我给你也带了一颗,趁热快点儿尝尝。"一个扎着马尾辫的女孩子一边说着,一边给她的闺密递上了一枚茶叶蛋。两个女孩子肩并肩走着,有说有笑地剥着蛋壳,一会儿工夫就津津有味地吃完了,然后蹦蹦跳跳地踏进了学校的大门,消失在了我的视线里。

看着两小闺密吃茶叶蛋的情形,我不禁想起了小时候。那时晚自习结束回家,推开家门,一股茶叶蛋的清香味道扑面而来,让人顿感饥肠辘辘。关门后,顺手拿起漏勺舀起一个,放在灯光下瞧一瞧,鸡蛋壳已呈褐色的网状,还没张嘴品尝,只看一眼就立马知晓茶叶与香料已悄然入味,脑海里光是想想它的鲜香美味,就禁不住口舌生津。挑蛋入碗待凉,执蛋在手,不费吹灰之力就去掉了它的壳,放入嘴里轻轻一咬,蛋清滑溜溜的,爽口,再咬一口蛋黄,入了味的醇厚馨香充满了整个口腔,冒着热气的茶叶蛋在我的舌尖肆意地舞动起来,补充着一个少年身体所需的营养与能量,同时也传递着母亲的关爱与希望。

后来,我自己也当了母亲,但却对煮茶叶蛋一窍不通,本以为这是一件很简单的事情,现在才发现煮茶叶蛋居然也是挺讲究的。煮茶叶蛋,首先要将鸡蛋洗净,冷水下锅,蛋熟之后去掉开水,紧接着用冷水降温;其次轻轻地把每个鸡蛋敲碎,不褪壳;最后放入茶叶、酱油、白糖、食盐、八角、茴香等作料,文火慢煮,如果煨的时间过短,则不入味。煮茶叶蛋肯定是"心急吃不了热豆腐"的,它的美味除了必要的技巧,更多是要用心,正可谓"慢工出细活,久久方为功"。为了能让我下晚自习回来第一时间品尝到茶叶蛋,想必母亲得提前好几个小时把鸡蛋煨上。那时的自己只顾着享用,全然不知母亲的辛苦,原来一枚小小的茶叶蛋里也深裹着人世间的舐犊情深。

某日回家，一进门我就闻到了一股茶叶蛋的清香味道，女儿快乐地从厨房里跑了出来，雀跃地说："妈妈，尝尝我给您煮的茶叶蛋。"我揭开锅盖一看，瞬间倒抽了一口凉气，女儿真够"奢侈"的，居然把我最珍爱的明前茶拿来煮蛋了。看着水里翻滚的一枚枚毛尖茶，再看看天真可爱的女儿，我不忍心去责备她，只好先来一番夸奖，然后适当地面授机宜，交代她煮茶叶蛋用粗茶更好。女儿不明所以，像"十万个为什么"那样打破砂锅问到底。

粗茶也就是当地人俗称的"大脚片"，叶子大而且劲道足，但凡喝过的人都直呼过瘾，它比清明前的细毛尖价格更亲民，颇有"小家碧玉"的感觉。老百姓家里的明前茶向来是招待贵客的，逢年过节才舍得拿出来品尝，颇有一种"大家闺秀"深藏阁楼之感。大概是女儿看我把包装精美的明前茶收藏在柜子里，觉得煮茶叶蛋当然要用家里最好的茶叶了，所谓"好马配好鞍"嘛！

明前茶清新淡雅，用来品最好不过了，可是用来煮蛋实在是太淡了，一点儿也不实用。而粗茶，叶大而味足，用于煮蛋可谓实惠。我打小儿生

长在青山绿水的大山深处，青少年时期还采过茶，与母亲一道炒过几回新茶，所以对茶叶的用法了然于心。

后来我去过很多地方，也喜欢去买一两个当地的茶叶蛋来吃，但总感觉缺少了一点儿味道，后来才恍然大悟，原来大自然里原生态的东西经过母亲一双巧手加工之后，变成的具有妈妈味道的茶叶蛋才是最美味的。

随着孩子渐渐长大，女儿并没有像我们这代人一样有吃茶叶蛋的嗜好，她更喜欢奶茶、蛋糕、肉夹馍、冰激凌等，那些花花绿绿的东西仿若更能让她倾心。但每当她要参加学校组织的春游或秋游时，我依然会为她煮上一些茶叶蛋，一来可以分享给同学，二来可以垫饥。女儿倒也不拒绝，临走还朝我脸颊上亲一口，顺便来一句："妈妈，您辛苦了！"我呵呵地笑着，算是回应女儿了。

生平热爱茶叶蛋，看着它们在锅里翻腾浮动，一枚枚碎壳随热气膨胀，身子撑得鼓鼓的。它多像是存活在世的每一位普通人，即使是身心受创，也绝不畏畏缩缩、举步不前，一定会努力经营，让一切向蒸蒸日上迈进，力争撑起一个美好而圆满的未来。

# 为老年人打造舒适安全的居住环境

袁秀华

我国已进入老龄化社会，大部分老年人会选择居家养老。因此，如何为老年人打造一个舒适、安全的居住环境，是必须考虑的问题。下面给您介绍一下为老年人布置房间时应该注意的五个方面。

第一，在原有收纳的基础上增大储物空间。

生活中，很多老年人对老物件有感情，不舍得丢掉。一些看似没有用的物件，老年人却当宝贝一样收藏着，如此收纳空间就不够用了。因此，在布置房间时就要考虑到这一点，加大储物和收纳空间，把老年人的物品整齐地摆放，这样做房间既不显凌乱，也能为老年人提供更多的活动空间。

第二，加强房间内的辅助照明。

老年人上了年纪眼神都不太好。所以，可以在卧室及走廊处设计一盏小型感应辅助照明灯。即便老年人晚上起夜，也不必担心看不清路，发生危险。另外，辅助照明灯尽量要安装在老年人的手可以随时触碰到的地方。

第三，设计一个宽敞且光线充足的阳台。

老年人大多数时间是在室内活动的，可以把家里的阳台充分利用起来，在里面摆放一些休闲座椅或是一些盆栽花卉，方便老年人闲暇时看看窗外的风景、侍弄花草，做些简单的锻炼也是不错的选择。需要注意的是，如果是落地玻璃窗，一定要做好防护措施，在玻璃窗附近安装几个扶手，这既可以方便使用，又能起到安全防护的作用。

第四，尽量把老年人的房间安排在离卫生间比较近的地方。

这样，无论是白天还是晚上，老年人自行前往卫生间都会很方便。

第五，安装扶手把杆。

像卫生间、阳台等处一定要安装几个扶手，方便老年人起坐。而且把杆也要选用带有防滑设计的材质，老年人上了年纪手上没有力气，加大阻力和摩擦力也能避免老年人抓扶手时发生意外。

# 河西古城永昌行

宋小逸　文／摄

## 领略祁连风情　再赴河西走廊

提起河西走廊，自然使人联想到著名的古代丝绸之路。可你知道吗，如果没有祁连山，就不会有河西走廊，也很可能不会有丝绸之路。为什么呢？

你看，从青藏高原奔腾而来的黄河，到兰州后，突然掉头北上，流进了茫茫沙漠。黄河在此成了一条地理分界线，人们将黄河以西的大片区域称为河西。

河西一带本应是浩瀚的沙海，由于祁连山的阻隔及其冰川的雪水滋润，才沿着山的北麓，形成了许多条河流和一个个绿洲连缀的条形地带，此地带被称为河西走廊。

所以，从地理构造上讲，若没有祁连山，就不会有河西走廊。而若没有绿洲连片的河西走廊，恐怕很难有丝绸之路。

甘肃省的命名也取自河西走廊，古时张掖称甘州，酒泉称肃州，两地名的首字合起来即为甘肃。

几年前，我曾相约几位老友，专门走过一趟河西走廊。那时我们沿古丝绸之路，从兰州出发，驱车1100千米，沿途翻越3000多米高的乌鞘岭，游武威、金昌、张掖、酒泉，经嘉峪关至敦煌，不断为河西走廊壮丽的风光所震撼。今秋，我和老伴儿来到武威、张掖之间的金昌市辖的古城永昌探访，再次领略河西走廊及祁连山的壮美风情。

## 往事越千年　今昔永昌县

永昌县，据考证，4000年前，这片由祁连山冰川形成的东大河、西大河、金川河流域即有人类在此繁衍生息。此地商周时期为西域牧地，汉初为匈奴所占。

2100多年前，即公元前121年，汉武帝派骠骑将军霍去病率精骑万余出兵河西，逾永昌焉支山千里，大破匈奴。后朝廷在此置郡设县，永昌县境内即设有骊靬等四县。后张骞出使西域，开辟了中国通往欧亚的陆上通道，成就了千年古丝绸之路的繁荣。唐代诗人王维曾盛赞汉将驱逐匈奴之功：

汉家天将才且雄，来时谒帝明光宫。

……

卫霍才堪一骑将，朝廷不数贰师功。

……

汉兵大呼一当百，虏骑相看哭且愁。

……

永昌从汉设县至今，历经十数朝代。1936年，中国工农红军西路军西进，曾在永昌县建立苏维埃政权40天，与马匪激烈战斗，沉重打击了西北反动势力。

1958年，永昌县白家咀发现大型铜镍矿。随着铜镍矿的开发，荒原戈壁上兴起了一座工业城镇——金川。

1981年，国务院批准设立金昌市，辖金川区和永昌县至今。

永昌县地处河西走廊东部、祁连山北坡，面积7000多平方千米，平均海拔2000米。境内山地平川交错，绿洲荒漠绵延，人口却只有26万，可谓地广人稀。该县历史悠久，遗迹众多。境内有新石器时代遗址、古城遗址各10余处，故址30余处，寺庙、楼阁、古塔数十座，县博物馆和西路军纪念馆。

古往今来，永昌扼守丝路要冲，是东西方向必经之地。现有金昌机场，有航班飞抵北京、兰州和嘉峪关，高速公路也很方便。

永昌的西大河、皇城大草原、皇城水库、金川峡水库、北海子、圣容寺、骊靬古城等，无不风景壮美，历史深厚，独具人文特色。我们仅到了几处地方，愿就其历史人文，所闻所见，蜻蜓点水，略述浅介。

### 碧绿如染北海子　两游此地左钦差

金秋9月，我们从北京搭机赴金昌机场。到达后，驱车沿高速公路行驶不到60千米即进入永昌县城。街道两旁，熙来攘往，干净整齐，羊肉馆、烤饼铺随处可见。

永昌城内的明代北海子古建遗存

下午赴北海子公园一游。"海子"来自蒙古语，指有水处或湖泊，此地是永昌天然胜景。公园门前有两棵苍劲的古杨，是明朝僧尼所植。唐代，北海子水系发达，湖泊纵横，绿树参天。在此曾敕建金川大寺，为永昌"第一禅林"，与城北的圣容寺遥相呼应，后毁于地震。目前，仍保存着的建于明代以后的五佛寺、水云观、长廊等古建筑群，彰显着历史的沧桑，颇具神韵。园中的海子，秋水碧蓝，波光粼粼。园外是大片茂盛的草场和挺拔的杨树林，林间的溪水绕过草地，潺潺而下。

清同治十二年（1873年），陕甘总督兼一品钦差大臣左宗棠赴肃州（今酒泉）督战，途中过永昌，游北海子，登观河楼。只见武当为屏，金水似带，秀林成云，田连阡陌，一派清雅幽静、蔚然深秀之景。不禁赞道："兰州以西各县，此处风景独佳。"又见楼壁上题诗一首，正是唐代王之涣的《凉州词二首·其一》：

黄河远上白云间，一片孤城万仞山。
羌笛何须怨杨柳，春风不度玉门关。

读罢叹道："若河西皆有永昌北海子风光，该有多好！"书办从旁说道："大人要让春风度过玉门关，却也不难，大人可命各州府县，沿西大路置一林带，直达新疆迪化（编者注：此为乌鲁木齐市旧称），不愁春风不度。"左宗棠一听，笑道："好，

这个主意不错！"当即命书办回城，草拟文书，分发各级执行。

直到光绪年间，左宗棠在新疆赶走沙俄侵略军，收复伊犁时，从西安至迪化的林带已霍然丰茂。至今在河西走廊，还能见到大道两旁葱郁苍苍的柳树，人称左公柳。文人杨昌浚曾赋诗《恭诵左公西行甘堂·其二》：

大将筹边尚未还，湖湘子弟满天山。
新栽杨柳三千里，引得春风度玉关。

## 信步皇城大草原　风吹草低见牛羊

这天，秋高气爽，风和日丽，朋友王先生带我们去城南的皇城大草原。这位高大健壮的汉子是甘肃平凉人，40多岁。他告诉我们，他曾当过兵，后来又从国企辞职，来到永昌，专做收购羊的生意，至今已经16年。这些年，他走遍了西北各地，觉得永昌羊的品质最佳。

因路况不好，王先生开着车，走得较慢，我们开始闲聊。原来他们在浙江宁波开了两家饭店，由他爱人打理，主营烤全羊、烤羊肉、烤羊腿。我问他："那边生意如何，人们吃得惯羊肉吗？"他说："火得不得了，有大批的客户。""你怎么运羊肉？""我在这边收羊，屠宰后用冷冻车运到宁波，昨天刚发了一车，20多吨。所以

今天没事干，陪你们上山。""几天能运到宁波？""要三天。""为什么不卖生肉？""全宁波饭店只有我们一家专供永昌羊肉，而且用永昌的做法，那味道别人绝比不了。""永昌羊肉有什么不同吗？""永昌羊都是放养的，羊每天要跑10千米，晒太阳，自己找草吃、找水喝，而且放养一年半以上才能出栏。而宁波其他的羊大都是圈养的，靠喂饲料，七个月就出栏了，肉质怎能和永昌羊比呢？皇城草原的牧民曾调侃，永昌的羊吃的是冬虫夏草，拉的是六味地黄丸。"

一路聊着，我们早已进入皇城大草原，其裕固语和蒙古语都叫夏日塔拉，意为金色的草原，地处祁连山北麓冷龙岭下，海拔2500～4500米，面积3800多平方千米。皇城因成吉思汗的子孙曾在此建造皇宫和避暑山庄而得名。

我们路过一座色彩鲜艳的寺庙，那是藏传佛教沙沟寺，王先生说，裕固族与藏族、蒙古族信仰相通，都信仰藏传佛教。路旁还有画在巨石上的彩绘图腾——唐卡，独具藏民族风韵。

这里不管是丘陵，还是陡坡，都长满茂盛的牧草和几十种草本植物。牛羊、马群在山坡随意散落，尽情享

建于清代的藏传佛教沙沟寺

用着大自然的恩赐，给宁静的草原平添了活泼的韵律。王先生告诉我们，草原有平原式和山地式两种，皇城属于山地式草原。主要聚居着裕固、藏、回、蒙古、汉等民族，是西北著名的草原之一。电影《牧马人》曾在这一带草原拍摄。漫步辽阔起伏的皇城大草原，我们才真切地感受到了"天苍苍，野茫茫，风吹草低见牛羊"的寥廓意境。

转过一座浅山，眼前瞬间出现了大片的碧波，这就是美丽的永昌县皇城水库，它距离县城45千米，于1985年修建，是永昌三人水库中最大的一个，库容8000万立方米。它与金川峡水库等一同滋养着金昌、永昌一方水土。

蓝天白云映衬，群山草原环抱，悬崖雪山相望，一片葱郁，旖旎秀丽。在大西北见到如此美景，简直太

令人激动了。怀着惊喜，我们站在坝上远眺，湖水静谧碧蓝、清净澄澈，在艳阳照射下，灿烂明亮。更令人惊讶的是，除了我们几人，这里基本上看不到游客。

远山近景，流连许久，不忍离去。王先生熟练地驾着车，向一座3000多米高的山峰盘旋而上，白皑皑的祁连雪峰、大片的原始森林不断出现在眼前，再次给我们带来无限的惊喜。

王先生怕我们产生高山反应，开到山顶后，即从另一缓坡下山，绕过水草丰美之地——西大河回还。蓝天、白云、雪山、溪流、林海、草甸一路相伴，使我们如痴如醉。路上我们多次与涂了各色油彩的羊群相遇，据说这是为了区分。可爱的群羊丝毫不惧，悠闲地与人车交会。

### 骊靬怀古

永昌县城街心花园中，矗立着三尊花岗岩人物雕塑，两男一女，中间为汉代官员，左右为一男一女的罗马人，他们深情地眺望远方的祁连山，仿佛讲述着一段传奇。

原来，公元前53年，罗马帝国执政官之一的克拉苏集7个军团兵力入侵西亚，结果兵败。其长子率第一军团6000名将士向东突围，越西亚，入西域，经多年辗转后降汉，被安置于今永昌。因秦汉时称罗马为骊靬，故设骊靬县，赐罗马降人以耕牧为生，化干戈为玉帛。骊靬人逐渐与汉民族融合，成为华夏的一员。这段故事如若是真的，那中西方交往史恐怕要提早1300年。

我们来到位于永昌县城西南10千米的骊靬遗址，这里不过是河西走廊上再普通不过的荒凉村落。面对土垒的废屋、寂寞的荒原，不由得使人产生一丝伤感。历史长河，滚滚滔滔，

蓝天、白云、祁连群山、雪峰映衬下的永昌县皇城水库

永昌县骊靬古城遗址，距今2000余年

源远流长，摄人心魄，而人生是何等浅薄和短暂。

2013年，在骊靬古城遗址上，出现了一座崭新的"金山寺"，金山寺由浙江齐素萍居士出资5.2亿元人民币建造。中式城池雄伟壮观，我们在城墙步道上可俯瞰骊靬村。城内有仿欧式的圆形广场、廊柱、雕塑及古罗马式主殿堂，内供佛祖释迦牟尼五方金身塑像，侧厢建有观音殿，是一座金碧辉煌的佛教寺院。

我不懂宗教，仅知其博大精深，哲理高远。永昌县历史上宗教文化兴盛，寺庙众多。如，中国北方佛教活动中心之一的御山圣容寺，建于北周。公元609年，隋炀帝西巡时，曾在此宴请西域各国首领。公元644年，唐代大法师玄奘在取经归国途中，曾来该寺烧香拜佛，坐禅诵经。香火鼎盛时，常驻僧人数千之众。

由此，便理解了人们为何在这戈壁荒漠上兴建如此规模宏大的庙宇了，而且中西合璧，凸显了丝绸之路上不同文明的交融。

### 寄望永昌

我国历史悠久，幅员辽阔，全国2800多个县，永昌并非知名，来此数日，收获颇丰。普天之下，不论偏远乡村，还是繁华都市，都可能蕴藏丰富的人文历史，值得学习。古人云"行万里路，读万卷书"，所言极是。

那天，从皇城草原回来，王先生推荐我们品尝永昌及河西人最爱吃的手抓羊肉。羊肉吃法很多，但手抓羊肉更具地方特色。我们品尝后，确实感觉味道鲜美。我曾问他："牧民是否经常宰羊吃？"王先生说："他们还舍不得，因为养羊的大都是个体，规模不大，十分辛苦，牧民的柴米油盐全靠它。"

目前，永昌人生活水平虽然有了提高，但人们手头活钱还不多。毕竟这里环境艰苦，与东部地区相比，差距还比较大。地方财政也还不够宽裕。靠农牧及旅游业发展地方经济尚有很长的路要走。

我相信，只要坚持从实际出发，努力工作，持之以恒，有国家西部大开发政策的支持，永昌及河西走廊一定会有更光明的未来。

在此，请允许我引用明朝万历年间正二品户部尚书、永昌人胡执礼的一副对联，借以表达对永昌的祝愿：

永昌人爱永昌望永昌永昌。

金川水流金川变金川金川。

# 青城幽趣，绝美绿色里的恋恋尘缘

颜士州　文／摄

出成都西门，驰过沃野千里的川西平原，经都江堰市，沿岷江傍山南行百余里，便是我国道教的第五名山——青城山。

## 碧波绿云映青城

青城山是岷山余脉之尾，背靠邛崃皑皑雪岭，俯临天府粮仓的千里平畴，与大熊猫的故乡"卧龙自然保护区"和被称为古代水利之光的都江堰紧相毗邻，是川西著名的旅游胜地。

我国道教分布在全国十大名山，又称十大洞天，青城山为第五大洞天。相传黄帝来此访过仙人宁封子，询问御风云的"龙跻之术"，并留下访宁桥、问道亭、轩皇台等古迹；东汉张天师在此结茅传道，青城山因而成为我国道教发源地之一，在道教中有举足轻重的地位。如今在青城之巅的绝壁上，还刻有刚劲隽永的六个大字：天下第五名山。

青城山古名赤城山。《名山记》上说："其上有崖含赤壁。"青城之巅叫彭祖峰，号青城第一峰，上有呼应亭，登亭疾呼，群山响应。以彭祖峰为轴，两行青峰翠岭，逶迤而南，左右环抱，若椅，若箕，若郭；特别是站在山后沙坪一带远眺，郭外赤壁千仞，酷似城郭；而郭内，林木葱茏，四季常青，

进入青城

故曰"青城"，青色之城也。

青城山本名清城山。后来为何又把那"清"字的三点水丢掉了？

唐玄宗时，清城山出现了佛道之争，山下的飞赴寺僧人强夺了常道观，当时的剑南节度使上报到京师，奏请皇帝裁决，皇帝在诏书中把"清"写成了"青"，自此，"清城山"就变成了"青城山"。唐皇的手诏碑现在还珍藏在天师洞的三皇殿内。

如果以天师洞为圆心，以天师洞至上清宫之间的距离为半径，画一个圆，大体上就把现今整个青城山景物宫观的精粹都包括进去了。这个圆容纳的正是《青城甲记》所说的："天仓诸峰，屹然三十有六；灵仙所宅，祥异甚多，有瑶林琼树，金沙玉田，甘露芝草，天池醴泉之异焉。"

青城山原有宫观七十余座，以长生观、丈人观、上清宫、延庆宫、建福宫、清都观六道院及飞赴、香积二佛寺最为有名。

山下的宫观叫建福宫，为游山的起点，它始建于唐。现在新建的山门雄伟壮丽，金闪闪的"青城山"三个大字，在森森林木的碧波绿云之间格外醒目。居于心脏地位的天师洞，即古常道观，是青城山道教协会的所在

天师洞

道观

建福宫

地，主要大殿是三清殿，建筑雄浑庄严，金碧辉煌，加以山门石级陡峻，洞府幽深，显得格外壮观。它同古黄帝祠、天师殿、三皇殿以及一些依山傍水的阁楼，形成一个布局严谨的古建筑

群。上清宫位于高台山顶，在这里可看日出、观云海、览圣灯，很有奇趣。

### 青城的"幽"和"趣"

青城之幽，与峨眉之秀、剑阁之险、三峡之雄并列为蜀中四大景观。"青城天下幽"缘何而来？

在天师洞门口的石壁上，刻有吴稚晖写的一篇短文，文中说："顾青城于亦雄亦奇亦秀外，而其幽邃曲深，似剑阁、三峡、峨眉皆无不逊色，故以天下幽标明青城特点。"以幽来形容青城的，吴稚晖当然不是第一个人，不过，这样鲜明、准确地概括成一句话的，首先是他。

游青城的人，大概都想去探幽。或说其"幽深"，或说其"幽雅"，或说其"幽静"，或说其"幽趣"，各有体察，各有真意。那满山苍翠欲滴的林木似绿色的海洋，随着清风乍起，绿波荡漾。跨进山门，步上登山石级，夹道的麦吊松、高大的楠树、漫坡的山栀子、密密层层的箭竹、苔藓，把山表蔽得严严实实，除个别偶露的峭壁、丹梯，很难见到石头、泥土。走在青城古道上，骄阳晒不着，暴雨淋不着，大风吹不着。山上林密弯急，移步换形，虽近在咫尺，闻笑声朗朗，往往难见踪影，是幽深也。

青城桥亭，星罗棋布在山道旁，立孤峰，屹危崖，临断涧，跨清溪，或四方，或八棱，或三角，或长廊，依势而建，枯木作柱，根蔓作架，树

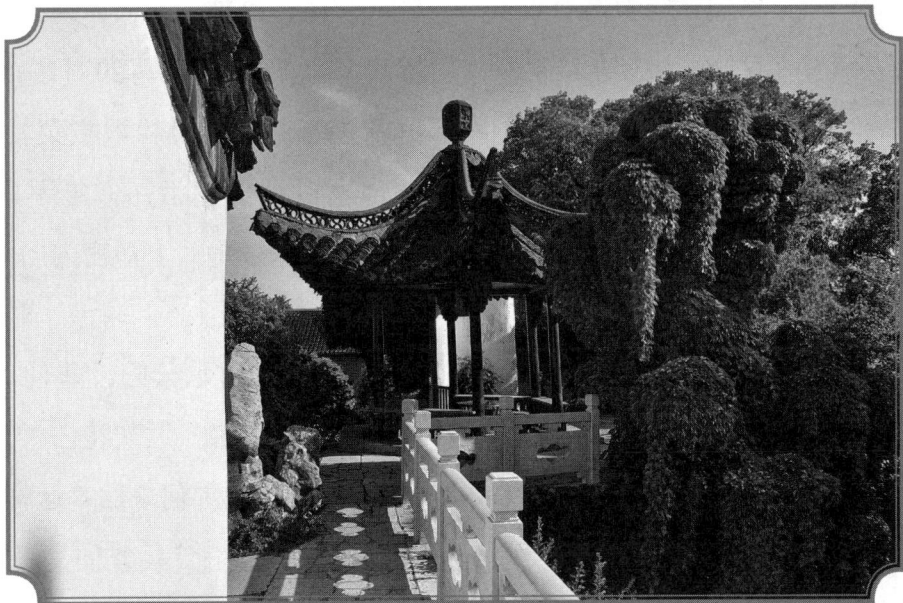

三岛石风景

皮作瓦，古朴而素雅。道家说这是"道法自然"。有亭阁曰"天然图画"，有石刻曰"天然圣迹"，皆取其天然。这种求淡抹不求浓妆的格调，和青城山本色浑然一体。而且，每个亭子都有咏赞得体的对联，在憩息、赏景之余，再欣赏这些对联，定会品味到幽雅的情趣。

至于"趣"，最有代表性的也许要算三岛石那一组景致了。三岛石在天师洞侧，石缝处筑有小道，可跻身扶岩而下，石旁有慰鹤亭，面对巉岩绝壁，俯临海棠清溪。岩壁上海棠盛开时，绚丽多彩，溪水清澈，淙淙有声。又前行数十步有长亭，名怡翠仙窝，后有上天梯，岩斜梯陡，天光微露，攀登极险。这组景致方圆不过几十米，小巧玲珑，虚谷生凉，空翠四合，游赏其间，幽趣横生。

在青城山之巅的上清宫一带观日出，可与泰山的日观峰、峨眉山的金顶媲美。红日待出，朝霞满天，丈人峰外，平畴千里，翠竹庐舍，历历在目；红日喷薄，雾霭随起，环岛飘逸，变幻莫测；红日既出，状若赤球，雾海茫茫，群岛迷蒙，若隐若现；红日升腾，银光耀眼，峰裹轻纱，天地一色，瞬息万变，妙不可言。

青城山的云海别具一格。夏秋之交，雨过天晴，千山万壑轻烟起，滚滚白云天际来，如万马奔腾，如海潮澎湃，越过山岗，冲过峭石，铺过山峦，从游人脚下漫过。这时，看群山在云涛中沉浮，"三十六峰皆白云"，令人飘飘欲仙。

入夜，在上清宫的圣灯亭看圣灯，又是另外一番奇趣。夏秋晴霁，星朗月暗。山上星火闪烁，或飘忽不定，或神光如带。《吴船录》载"夜有灯出四山，以千百数，谓之圣灯"。这种自然现象，在建福宫也可见到。《青城甲记》有"观前有灵灯，斋日必见，神灯千余，辉灼林表"的记载。

山不在高，有仙则名。日出、圣灯、云海、晨钟、暮鼓、磬声，再加上斋堂两侧郑板桥写的对联："扫来竹叶烹茶叶，劈碎松根煮菜根。"这种野逸自得的生活，你能不嗅出一点"仙"味来吗？上清宫内山门上那副对联，揭示了个中真谛，对联云："钟敲月上，磬歇云归，非仙岛莫非仙岛；鸟送春来，风吹花去，是人间不是人间。"世上何来仙？这样的景，这样的情，恐怕"莫非仙岛"，也许"不是人间"！

## 普陀圣境：盛开的海天莲朵

骆昌芹 文／摄

普陀山，佛教传说是"观世音菩萨应化善财说法圣地"，为我国佛教四大名山之一。它曾招来南洋弟子，也吸引过前朝皇帝、近代名士，成为无数善男信女心中的"海天佛国"。

普陀山是浙江舟山群岛的一个小岛，全岛面积12.5平方千米，鼎盛时期有四大寺、106座庵堂、139处茅棚，散落在苍翠环抱的山麓之中。一入夏令，来此度假以一饮海风拂面为乐的游客，便于途不绝；而喜清静之人，却专候秋天姗姗来迟，将这里的清静绝尘，比作是到了"世外桃源"。

### 西部：画笔氤氲的奇妙仙境

普济寺，又称前寺，普陀山三大寺之一，为普陀最大的寺院。六重殿阁，开阔深邃，黄墙琉顶，气势轩昂，规模大于杭州灵隐寺。寺内的大圆通宝殿，重檐歇山顶，庄严巍峨，有"活大殿"之称，千人进去不觉宽，三五千人进去不觉挤。新塑的高达6.5米的金身毗卢观音，姿态自如，结跏趺坐在莲花宝座上。殿内两侧是观音三十二应身，神态各异，栩栩如生。寺前的海印池，又称放生池，池上东跨永寿桥，西建瑶池桥，中为平桥，上有八角亭，南连御碑亭，内竖丈六高汉白玉雍正御碑，上载普陀历史。东南岸耸立的多宝塔，四面五层，精雕细刻，具有浓厚的元代艺术风格，为全国罕见。夏日，登桥远眺，则见寺院林立，鼓声杂沓，梵山当屏，风景十分雅趣。而当夜幕合下，环山林木映入水中，托出一轮水

中银月，恍如一幅水墨图画。这便是普陀十二景之一的"莲池夜月"。

从普济寺往西而行，至盘陀庵沿石阶而上，便到普慧庵。这里有一棵古樟，树干周长达7.5米，枝壮叶茂，相传树龄在900年以上，人称"千年古樟"。出普慧庵而上，经心字石、西天门、一叶扁舟石，到达梅福庵。这里相传是西汉梅福炼丹处。内有炼丹洞，亦名灵佑洞，洞中石隙间渗水常年不歇，滴液成潭，潭水甘洌可口，游者到此小憩皆以品尝"仙水"为乐。

普陀山多奇崖怪石，危石若悬，

普济寺

千年古樟

庋石若举，堕石若抉，崩石若斧，形容肖貌，神态毕现，"熊罴之上山，牛马之饮溪"，几乎遍山皆是。西部一路尤为集中，自盘陀庵至梅福庵之间，有逶迤广平、上刻八丈方圆心字的"心字石"，这样大的字，不仅书写气魄雄伟，丰姿挺拔，而且刀笔工壅，摹刻精湛，堪称一绝，游客到此多喜在字间拍照留念；有二石骈峙、峻整如门的"对称石"（西天门）；有酷如长蛇的"蛇头石"；有横于平石上、望之如扁舟的"一叶扁舟石"；

在梅福庵之西，有高低相望的"观音说法石"，旁有参差矗立、形如听法者的"五十三参石"，形态逼真的"伏牛石"。尤其是号称"天下第一石"的盘陀石，更令人赞叹。只见它横卧山巅，形似石船，上可容二三十人，下渐成锥状，由另一石托起，旁空中倚，似连非连，用力去推却又纹丝不动。真是鬼斧神工，见者无不叫绝。每当夕阳西照，石披金装，光芒闪烁，蔚为壮观。"盘陀夕照"，也是普陀胜景之一。

## 北部：距离繁华一刻钟

朝阳洞，在几宝岭的尽头，面临东海，是普陀观日出的最佳处。每当晨光熹微之时，来此观赏旭日冉升，但见红光四射，海面尽赤，而洞下激浪拍天，轰然有声。"朝阳涌洞"，是普陀胜景之一，也是旅游者必打卡的景点之一。

仙人井在百步沙的北端。一棵大树，覆盖石窟，沿阶而下可见一口斗大古井，夏日寒气袭人，冬天温暖如春，大旱不涸，大涝不溢，井水清冽，虽离海较近，但水味凝淳。相传西汉梅福、东晋葛洪曾用此井水炼丹。

文物馆，原为悦岭庵，殿宇规整宏敞，普陀文物皆集于此，其中有万历圣旨、康熙龙烛、乾隆御赐龙袍、光绪玉印以及日本佛像铜屏、印度梵文贝叶经、缅甸玉佛、泰国铜佛、柬埔寨菩提树叶、菲律宾玳瑁塔等，令观者目不暇接。其中的经塔，是一幅高200.6厘米、宽88厘米，由经文组成的塔形图案，粗看往往误以为是一幅珍珠塔图画，细看则是用工整的蝇头小楷逐字写成的经文。七万七千零三十六字的《楞严经》，被抄写排列成七级宝塔图案，竟无一差谬，实在令人叹为观止。其作者是安徽歙县人李国宁，经塔是其于1856年以七个半月时间写成的。

慧济寺，又称佛顶山寺，规模较小，但宏构巧制，又处于高山之顶，深藏于万木之中，故有飘飘然似天上宫阙之感。山上有石阶一千余级，古樟苍翠，珍木遍植，其中鹅耳枥树更为稀罕。初见貌不惊人，细察便觉与众不同，生枝长杈，无不两两相对，为国家重点保护植物。其山之西为茶山，终年烟雾缭绕，盛产普陀云雾茶，有"茶山宿雾"之称。东有佛顶天灯，为全山之巅，可一览普陀全景。

梵音洞，在普陀之东青鼓山下，峭壁危峻，斧劈如门，石缝中嵌一巨石，如巨蚌衔珠。古人形容此为"高崖绝登势窟窿，峭壁平分浩渺中"。石洞曲折通海，每当巨浪涌至，水石搏激，但闻洞内山崩石摧，龙啸虎吼，其势之壮足令阳光为之失色，群山为之震颤。洞内雾霭茫茫，岩石各呈奇形，朝晖夕阳，变幻莫测，在这里还可一睹观音"真身"。其实，"观音真身"不过是洞中光影，通过礁石反射，与进退中的潮水形成折光作用，从而出现的一种如人般的幻象。因为出现的机会不多，见者均觉荣幸。

## 东南部：那一个驻守的宁静

紫竹林庵，面临东海，位于朝阳洞上，原由一片风吹萧萧的紫竹林而得名。唐咸通四年（863），日本僧人慧锷赴五台山礼佛，请得观音一尊，取道东海回国，船到莲花洋，忽遇风浪，慧锷以为菩萨显灵，不愿东去，而要留于此地，就祷告说："我国众生无缘见佛，当从所向建立精舍。"果然船漂到潮音洞处而停。当时山民张氏舍宅建庵供奉菩萨，称为"不肯去观音院"，即今紫竹林禅院，成了观音修身居住的地方。《西游记》中屡次提到孙悟空曾来南海紫竹林请观音，更使这里平添几分传奇色彩。

潮音洞，即传说中的观音泊舟处，洞中岩石交错不容立足，日夜吞吐海潮，潮水奔驰，浪石相激，水花溅起数丈高，经阳光折射化为彩虹，时隐时现，蔚为奇观。涨潮时依岩俯视，仿佛足下蛟龙翻滚，炫目震耳，令人惊心震魄，与梵音洞合称"两洞潮声"。

观音跳，在紫竹林南不远处，伸出海中，是东眺大海的好去处。海边巨岩上，刻有"观音跳"三字，岩上有42厘米长的脚印，传说观音原住

朝阳洞

紫竹林庵

于对面的洛迦小岛，见普陀风光更佳，便纵身一跳到此，留下了这个脚印。这当然是人们怀着对普陀的偏爱之情附会出来的。

南天门，在普陀正南的南山上，三面环海，北面有石桥与岛相连。这里巨石错立，危踞如门，岩壁上题有"山海大观"，被誉为"千里江山胜如画"。

短姑道头

短姑道头，为普陀山古老码头，游人进山出山皆由此出入。相传从前有姑嫂两人来山礼佛，船至岸边，适逢小姑月经来潮，自愧不洁，不敢下船入山。其嫂短其无福朝圣，遂嘱其在小舟中候着，独自怅然进山拜佛去了。不想时近晌午，潮水大涨，小舟与岸相隔，小姑久坐船中，饥不得食，甚为苦闷。观音感其精诚，化身老媪送饭给她，说是其嫂托她捎来的，放下食盒，便离船而去。过了不久，其嫂进香归来，问及前事，其嫂愕然。忽然记起刚才拜佛时，瞻仰莲座，只见观音大士衣裾湿着一片，心里顿有所悟，以为这是观世音菩萨所为，忙不迭又进山到观音面前叩拜。因其嫂曾在码头"短其姑"，从此，姑嫂泊舟处即被称作"短姑道头"。岸边建有海岸牌坊，飞檐翘角，琉顶翠瓦，气势非凡，三门柱石上镌刻八条佛门楹联，匾额上书"南海圣境"。离岛前夕，在此驻足待渡，会勾起人们对普陀的美好印象，觉得它就像一枝圣洁美丽的莲花，正亭亭玉立在祖国的东海大洋上。

# 应县木塔：中国的"比萨斜塔"

王新同　文／摄

应县木塔

应县木塔，有着中国的"比萨斜塔"之称。此塔的全名为佛宫寺释伽塔，建于辽代清宁二年（公元1056年），位于山西省朔州市应县佛宫寺内，是世界上现存最高大、最古老的纯木结构的楼阁式建筑，与意大利比萨斜塔、巴黎埃菲尔铁塔并称"世界三大奇塔"。

历史上木塔不易保存，或毁于火灾，或塌于地震，或为人摧毁。应县木塔却在经历了40多次地震、200多次炮弹袭击和长年大风之后，稳稳屹立了968年。

公元1056年的山西应县，还被称为应州，被辽国所控制。当时宋辽之间战事不断，烽火四起，而木塔就耸立在环境恶劣的宋辽边境上。应州是一个产盐小城，土地贫瘠，从地面往下挖不深就有咸水，树木也很难生长。应县木塔，就是在这样的土地上建起来的，并矗立了近千年。塔的顶层还有一个小窗，从这里能看到应州全境，是极好的军事瞭望口。从此木塔便像一个孤寂的巨人，一直耸立在那里，见证着这些土地上的金戈铁马，喧声震天。

木塔塔身总高67.13米，底层直径30.27米，平面八角，外观六檐五层（底层为双檐），各层间夹设暗层，实为明五暗四九层塔。各层屋檐上，有挑出的平座与走廊，可供凭览。塔身是全木结构，没有用一块砖石（除了底层的土墙）。塔上所用斗拱式样繁多，有60多种，规格与变化之多，举世少见。这样雄壮华丽而又细致精巧的木塔，不仅是我国，也是世界木

木塔航拍

整座木塔没有用一根铁钉，全靠榫卯咬合

华美的内部浮雕

细节之美

巧夺天工

结构建筑的杰作。应县木塔是中国现存最高最古老的一座木构塔式建筑，也是唯一一座木结构楼阁式塔，为全国重点保护文物之一。

在应县的民间传说中，人们将木塔的建造归功于木匠鼻祖鲁班。

鲁班的妹妹是一位巧夺天工的绣女，她想在哥哥面前显示一下本领，便主动提出要与哥哥比赛。她说："哥哥，我一夜能做十二双绣花鞋，你如果能在一夜之间盖起一座十二层的木塔，就算你的手艺高。"鲁班虽不想在妹妹面前逞能，但也不愿服输，便答应了比赛。

比赛的那天夜里，妹妹一心要胜过哥哥。刚过三更天，妹妹做的十二双绣花鞋，只剩一双鞋的沿口没有做好。她觉得肯定能赢哥哥了，不由得想先偷偷地去打探一下鲁班的进程。她走到寺院门口一看，只见一座十二层的木塔已经盖起，便急忙转身回家。

再说鲁班这里，十二层木塔建成以后，压得土地爷大声喊叫："我受不了啦！我受不了啦！"鲁班一看，果然塔一直往下陷，他伸手一推，把塔分成两截，又一个耳光把上面的六层打飞，留下的几层慢慢地钻出了地面，这便是现在的木塔。由于鲁班用力过猛，塔身向东北方向稍有倾斜。这时，鸡叫了，他想起了在家里做鞋的妹妹。回家一看，十二双绣花鞋只剩下一双鞋的沿口没有做好，可是屋里屋外都不见妹妹的身影。

原来，妹妹从寺院返家的途中，鸡已叫过三遍，她知道自己还有一双鞋没有做好，一时羞愧难忍，转身就逃了。当她跑到离应县城西北40多里的地方时，走不动了，低头一看，两鞋灌满了油土。她把油土倒在地上，立刻就堆起两大堆土圪梁。后来人们发现这两大堆土圪梁上长的黄花最多，于是就把这两大堆土圪梁叫作"黄花梁"。这个名字至今还被人们叫着。

20世纪40年代，建筑大师梁思成刚获得美国普林斯顿大学名誉文学博士学位，听闻"沧州狮子应州塔，正定菩萨赵州桥"这一当年在华北一带流传的民谣。狮子、菩萨他不感兴趣，而塔和桥则是梁思成关注的对象。正是从这则民谣中，他知道了山西的应县有一座名塔。

梁思成寻访这座木塔时，也颇有故事。梁思成与林徽因等人，准备来山西考察古建筑，将应县木塔也纳入了考察范围。

帝王题字

塔内塑像

一层的辽代释迦牟尼佛

但在去之前，梁思成心里犯了嘀咕：应县木塔究竟是怎样的形制，万一去了只是一座清代建筑呢？聪明人自有聪明的办法，他给应县邮政局寄去了一封信——哪个县会没有邮政局呢。信上写"试投山西应县最高等照相馆"，并提出自己的要求，希望得到一张应县木塔的照片。没多久，有人回信了，是山西应县××斋照相馆。信中附了一张清晰的木塔照片。

梁思成夫妇和建筑历史学家莫宗江的这次考察，是以营造学社的名义进行的，主要目的是考察大同的华严寺和善化寺，工作进行得很顺利。后来为了节约时间，林徽因去考察云冈石窟，梁思成和莫宗江则来到了应县。

林徽因考察完云冈石窟就回了北

应县木塔壁画

平。见到应县木塔后，梁思成在给妻子的信中不无遗憾地说："塔身之大，实在惊人。每面三开间，八面完全同样。我的第一感触，便是可惜你不在此同我享此眼福。"

初见应县木塔时，梁思成脱口感叹道："好到令人叫绝，半天喘不出一口气来。"接着就对它做了一个"拜见礼"。因为当你站在塔底向上看，一丛一丛的斗拱，宛如佛陀的坐莲在天际绽放，很难不感到激动。古人说，那叫百尺莲开。

应县木塔全塔用了3000吨木制构件，每一根柱子承重110吨，且没有用一根钉子，而全靠榫卯咬合，就建到了相当于现代20多层楼的高度。对于大众而言，也许见到这样年代久远的古老建筑，不过是惊讶感叹一下。但在梁思成看来，它就是"神作"的代名词："后来我发现，那是一盏'长明灯'，自九百年前日日夜夜地亮到如今。"

明代曾有一人登上木塔，写下了"玩海、望崇、挂月、拱辰"八字。就算不是亲眼所见，你也能想象得到斗拱样式之多，有的形如浪花被水漂到空中，有的把屋檐衬托如弯月挂在疏桐……最后如众星拱辰般一层一层、一叠一叠地把木塔垒到67米之高。

应县木塔各层均用内、外两圈木柱支撑，每层外有24根柱子、内有8根柱子，木柱之间使用了许多斜撑、梁、枋和短柱，组成不同方向的复梁式木架。整体比例适当，建筑宏伟，艺术精巧，外形稳重庄严。

塔身底层南北各开一门，二层以上设平座栏杆，每层装有木质楼梯，游人逐级攀登，可达顶层。二至五层每层四门，均设木隔扇，光线充足，出门凭栏远眺，恒岳如屏，尽收眼底，使人心旷神怡。

木塔内的每一层，均塑有佛像。第一层为释迦牟尼，高11米，面目庄严，神态怡然，顶部有精美华丽的藻井，内槽墙壁上有六幅如来佛像，门洞两侧壁上绘有金刚、天王等画像，壁画色彩鲜艳、构图完美、做工考究，人物栩栩如生；第二层实层内槽中，台基上塑有一佛二菩萨趺坐于莲座上，另有二胁侍菩萨立于大佛左右；第三层的木质八角台基上，塑有四尊四方佛，每尊高2.8米左右，四尊佛面部均保存完好，形象肃穆端庄；第四层塑有佛和阿难、迦叶、文殊、普贤像。各佛像雕塑精细，各具情态，有较高的艺术价值……

塔顶为八角攒尖式，上立铁刹，

制作精美，与塔协调，更使木塔宏伟壮观。并且塔每层檐下装有风铃，微风吹过，叮咚作响，十分悦耳。

应县木塔内还保留着许多历史名人题记，其中有明成祖朱棣永乐四年（1406）书"峻极神工"、明武宗朱厚照正德三年（1508）题"天下奇观"真迹的匾额，至今仍悬挂在塔上。

1974年维修木塔和塑像时，还在被破坏的佛像中发现了一些辽代木版印刷品、佛像和经卷以及一些手抄本。有的经卷长30多米，其中有辽圣宗统和八年（990）和统和二十一年（1003）、辽道宗咸雍七年（1071）等年款的经卷。这些版本和抄本是校勘佛经，是研究宗教、社会文化、印刷技术等的珍贵文物。

梁思成说，不见应县木塔，就不知木结构建筑的可能性能到什么程度。能让一代建筑大师如此感叹，可见这塔绝对是独一无二的伟大作品。

岂止是专家，我辈也不得不佩服建筑这塔的时代，和那些不知名的大建筑师、未留下姓名的匠人们。他们虽已远逝，却以高超的技艺为后人留下了这处木建奇迹、宝贵遗产，让应县木塔在中华大地上巍然屹立千年，见证着岁月的沧桑变迁。

## 书画园地

吴凯玲摄影作品

# 好脊椎是如何炼成的

欧阳军

1.直立行走多，适时趴下是弥补之法。

经常把自己的脊柱放平，减少脊柱的压力，比如睡觉等。把每天8小时的睡眠时间保证好了，就是对脊柱的呵护。因为躺下来以后，脊柱压力就变小了，身体得到放松，疼痛也能缓解很多。

2.早晨起床伸伸腰。

早晨醒来先不忙着起床，小憩几分钟，然后侧身下床。起来以后，先活动一下腰部。可以做做前屈后伸、左右旋转、"伸懒腰"等动作，算是给腰部做一下"热身"。

3."正襟危坐"是最标准的久坐姿态。

其正确做法是收腹挺腰，将椅子拉向桌缘，耳、肩膀和臀部保持在同一条直线上，尽量将腰部紧贴并倚靠椅背，使之稳稳地支撑住腰部脊柱，这样可降低腰椎间盘压力，同时缓解腰背、腰骶部的肌肉疲劳，如有可能，应使膝关节略高出髋部。电脑操作者，要确保坐时整个脚掌着地。

特别提示：每工作一小时，应起来活动一下。踢踢腿、伸个懒腰等都能起到锻炼脊椎的作用。

4.良好站姿意气风发。

长时间保持一个姿势站立是不可能的，可以改为"稍息"的姿势，并且两侧腿交替。站立时间不应太久，应适当进行原地活动，尤其是腰背部活动，以缓解腰背肌肉疲劳。

5.快步走应量力而行。

用较快的速度走路，对于锻炼脊柱功能、促进心血管系统的活力、提高呼吸肌的功能、降低血液中胆固醇的含量、避免高血压的发生，都有良好的作用。时间一般要持续半小时左右，速度以每分钟120步左右为宜。进行快速步行锻炼时，个人应根据自己的身体情况，量力而行。

6.科学睡姿一觉醒来百病消。

最好的养生睡姿是仰卧，然后垫高膝部。如果你颈椎不好，建议仰卧，不要侧睡。如果腰不好，要尽量侧睡，哪一边舒服朝哪一边睡。左侧睡会压迫心脏，无论腰椎好不好，长期朝一边睡，胸椎容易侧弯，所以侧睡的另一个原则就是要轮换着方向。如果颈椎、腰椎都不好，那就要仰卧，在腰部垫一个小腰枕或枕头来支撑腰部，或者在膝盖下放一个枕头，这样骨盆就可以适度向后倾斜，减轻腰部压力。

7.游泳是腰背肌锻炼的较佳方式。

游泳时可以利用水的浮力来舒缓平时受压的关节，其中以腰部最为明显；人在游泳时还能够在水中锻炼肌力，可以让全身更多的肌肉、关节、韧带得到锻炼，肌肉匀称发展，对脊柱产生良好的支撑和保护作用，使人的体形更健美。

8.换个走路方式：倒步走。

倒步走有利于腰椎的保健。当人们倒退行走时，两腿交替向后迈步，增强了大腿后侧肌群和腰背部肌群的力量，使腰部韧带的弹性增强，给腰椎更有力的保护。同时，腰腿部骨骼、肌肉、韧带功能的恢复，不但可以使腰椎的稳定性增强，还能使腰椎疼痛减轻甚至消失。倒退行走以每分钟60～100步，每次10分钟为宜。不习惯倒步走的人可以循序渐进，慢慢增加倒步走的练习时间。注意要在平整的路面练习倒步走，同时注意环境，不要在车辆或者行人多的地方练习。

特别提示：我们在搬抬重物时，应该避免使用腰劲，尽量使用下肢力量，由于杠杆原理，手上的重量通过力臂作用到腰上将是几倍到十几倍的力，腰椎很容易受到伤害。

# 阿尔茨海默病患者康复 5+6 法

## 姚扶有

随着人口的老龄化，阿尔茨海默病患病率逐年增加，严重影响了老年人的生活质量。

阿尔茨海默病俗称老年痴呆症，指由于人的大脑细胞退化萎缩，细胞密度降低，导致记忆衰退和智力、精神障碍等各种不良症状，以致与身边亲人和其他人的交流越来越困难，生活自理能力越来越差。

阿尔茨海默病分为前期、初期、

中期和晚期。前期患者自己很难意识到，别人也很难感觉到。因为他们尚能完成家庭中的各种生活活动，看不出任何异常。但处于此阶段的患者与同龄人相比，其大脑最高层次功能有所下降，爱忘事。进入初期，会难以完成生活中如洗衣、做饭、清扫、养花、整理书橱等活动。记忆力明显减退，往往会忘记前一天刚刚做过的事，如吃饭后说没吃、叫不出老熟人的名字，而且情绪不稳，易被激怒，气量小，对人冷淡，孤僻，精神萎靡不振等。在老年痴呆症初期如不采取有效措施，很快就会进入中期，此时患者的思维判断力发生障碍，如出门后不知回家的路，把裤子当衣服挂在脖子上或忘记一些事情，如出生、结婚年月及亲人的名字，不注意个人卫生，生活不能自理等。进入晚期后就会出现神经功能的障碍，如口、面部会发生不自主的动作，如吸吮、噘嘴，厌食或贪食，大小便弄得满身都是，生活完全要靠别人照顾。重症患者对时间、场所、人物、事物等的判断能力几乎完全丧失，患者一旦进入这个阶段就很难逆转了。

由此可见，加强阿尔茨海默病患者日常记忆和智力康复训练是遏制中老年人痴呆向更加恶化的方向发展的关键点，更是提高老年痴呆症患者生活质量的转折点。因此，掌握一点记忆力和智力康复训练的方法，无论是对于老年痴呆症患者，还是对于正在一天天变老的我们都是大有裨益的。

### 阿尔茨海默病患者记忆康复训练5法

虽然阿尔茨海默病难以完全治愈，但如果我们能够早发现、早干预、早训练、早治疗，完全能够大大提高患者的生活质量。

数字刺激记忆康复法。家人平时可以给患者念一串不规则的数字，从三位数起，每次增加一位数，如：615、3258、84510、964572……念完后立即让患者复述，直至不能复述为止。

物品刺激记忆康复法。家人给患者看几件物品，让其记忆，如：钢笔、手机、香蕉、脸盆、茶杯、电视遥控器等，物品数量可由少到多，逐步增加，观看的时间可由长到短，然后将物件马上收起来，让患者回忆刚才看到了什么东西。之后，可以适当增加难度，比如将刚才给患者看的东西让他按看的顺序讲出来。

事情刺激记忆康复法。让患者回忆最近来过家里的亲戚朋友的姓名、原来单位的同事、前几天看过的电视的内容、家中发生的事情。如果这些短时期内发生的事情，患者都能慢慢回忆起来，就逐步加大难度，把时间往前推移，让他回忆前一周、前10天、前一个月，家里、身边发生的事。

游戏刺激记忆康复法。不妨将发生过的事情编成顺口溜，让他们记忆背诵；或者利用玩扑克牌、练书法、画画等方法，帮助患者扩大思维和增强记忆。在室内，可以运用捉迷藏的游戏，反复带患者在卧室、厕所、厨房间穿行，然后让他辨认。还可以把简单的家务变换成游戏，手把手地教患者做，比如教他扫地、擦桌子、整理床铺等，以期其生活能够自理。

监督刺激记忆康复法。家人可以指导患者制订生活作息时间表，让患者主动关心日期、时间的变化，督促患者按规定的时间活动和休息。鼓励患者关心家中的事情，多与家庭成员和邻居交谈。患者的日常生活用品的放置应有规定的地方，尽量让患者自己取放。陪同患者外出也尽量让患者自己辨别方向，或告诉患者该如何走。对于言语困难的患者，可在其经常接触的用品上贴上标签，帮助其读出物品的名称。多培养、鼓励患者参加各种兴趣活动，如果由于病情发展，原有爱好已不适合，可培养新的爱好，老年人种花是项很好的活动，对于花的种植、养护、观察都需要有记忆的参与，而且有益于身心健康。

## 阿尔茨海默病患者智力康复训练6法

人若不爱动脑，就会越来越落后，更何况阿尔茨海默病的患者呢？其实，患者智力康复活动内容非常丰富，如逻辑联想、思维的灵活性，分析和综合能力、理解和表达能力、社会适应能力、生活常识等方面的训练。

逻辑联想、思维灵活性训练康复法。从儿童玩具中去寻找一些有益于智力开发的玩具，比如智力拼图、搭积木、拆卸或组装玩具等。

分析和综合能力训练康复法。经常让患者对一些图片、实物、单词作归纳和分类。比如将动物、家禽、食物、风景等图片放在一起，让患者分类归纳；把蔬菜、水果、粮食、厨具等放在一起，让患者分辨归类。

理解和表达能力训练康复法。亲人可以经常和患者聊家常或讲述有趣的小故事以强化其记忆。比如给患者讲述一个幽默段子，讲完后让他复述一遍，或者给他讲一个龟兔赛跑的故事，然后提一些问题让他回答。

社会适应能力训练康复法。尽

可能地让患者多了解外部的信息，不要使其处于封闭的生活环境，鼓励其与他人接触交流。对于家庭生活中的事情应当有目的地让患者参与，并给予指导和帮助。

常识训练康复法。所谓"常识"，有相当多的内容属于患者曾经知道的、储存在记忆库里的东西，这些东西伴随病情加重不断丢失。如果能经常提取、再储存，遗忘速度会大大减慢。如饭前便后要洗手，用水后要关好水龙头，如厕后要及时冲水，离开房间要随手关灯，穿鞋前要穿好袜子，穿鞋后要系好鞋带等。

数字大小、多少的概念和计算能力训练康复法。抽象的数字对于文化程度较低的老年人都比较困难，更何况有认知障碍的患者，但在生活中处处存在数字概念和计算，只要我们留意，可以找到许多让患者锻炼的机会。如将筷子分成两堆，让患者比较哪堆多，哪堆少；还可以让患者进行一些简单的家庭消费账目计算，如去商场购买回一些日用品后，让他帮助算一算，带去了多少钱，每样物品花费了多少钱，共消费了多少钱，还剩下多少钱。

# 中药零食有选择地吃

李德勇

阿胶糕、茯苓饼、龟苓膏、薄荷糖、凉茶、酸梅汤等很多中药零食一直受到人们的喜爱，被认为多少都会有些养生作用。北京中医药大学教授和清华大学第一附属医院中医科主任提醒，中药零食本身也承载了中药的性质，要根据体质、环境等有选择地食用。

## 阿胶糕

阿胶与人参、鹿茸并称"中药三宝"，市面上用阿胶制成的保健食品很多，如阿胶糕、阿胶枣等。中医认为，阿胶味甘性平，可滋阴润燥，对血虚、面色萎黄、眩晕、心悸、心烦不眠、肺燥咳嗽等有很好的滋补效果。但大便不成形的脾虚患者、口苦口臭的湿热人群、血液黏稠度高者、经期女性、感冒发热者不宜服用。所以吃之前应辨别体质，确定是否适合。另外，吃阿胶还有一些讲究。冬季是一年四季中进补的最佳季节，所以冬至后服用阿胶效果最好，阿胶糕或阿胶枣每天吃3～5个即可。服用期间饮食要清淡，尽量避免吃生冷、油腻、辛辣及不易消化的食物。

### 茯苓饼

茯苓饼主要由茯苓细粉、米粉、白糖等加工而成，其保健作用来源于中医常用的利水渗湿药——茯苓。中医认为，茯苓味甘、淡，性平，入心、脾、肾经，有健脾和中、宁心安神的作用。平时适量吃点茯苓饼可增强食欲、助消化，对肾虚所致四肢水肿、小便不利也有食疗效果，但不可过量。另外，茯苓饼中含有蜂蜜、白砂糖等，血糖偏高者应尽量少吃或不吃。

### 龟苓膏

龟苓膏具有清热解毒、滋阴补肾、润肠通便的功效，早在明末清初时，皇亲贵族们就爱吃龟苓膏养生。如今，龟苓膏的配方更加科学，受到大家的追捧。不过，龟苓膏有清热排毒的作用，偏寒凉，胃寒和脾胃虚弱的人建议少吃。另外，龟苓膏中的龟板有兴奋子宫、活血化瘀的作用，所以孕妇最好不要吃。

### 薄荷糖

薄荷（学名"银丹草"）是临床常用的中草药，祛风、消炎、镇痛、止痒效果显著。大家常吃的薄荷糖里含有少量薄荷提取物，有发散风热、清利咽喉的作用，其清凉的口感使得很多嗓子不舒服的人都喜欢含上一颗。但薄荷糖药性寒凉，脾胃虚寒、容易腹泻及消化不良的人不宜服用。

### 凉茶

现代人口味重，火锅、烧烤、麻辣香锅等食物都可能让人上火，很多人的缓解方法就是喝凉茶，有人甚至经常拿它当饮料喝。凉茶是由菊花、金银花、甘草等中药煮沸后加糖所制，可清热解毒、清肺润燥、解暑、散结、消肿，从这点来看，凉茶不失为一种有效的保健饮品。凉茶虽好，但绝对不可大量饮用。从中医角度看，凉茶性味正如其名，阳虚、寒性体质的人（表现为怕冷、四肢发凉、面色苍白）不宜饮用。儿童和老年人也要少喝，儿童脾胃功能尚不完善，不能及时调整和适应寒凉刺激，容易腹痛、腹泻；老年人经常喝凉茶，容易阳气受损，或导致消化系统病变。

### 酸梅汤

酸梅汤由乌梅、山楂、甘草煎煮而成，可开胃消食，健康人群可适量喝一些。但市面上销售的酸梅汤含有大量糖，而且通常是冰镇的，所以不建议糖尿病患者及脾胃功能差、经常胃灼热及湿气重的人饮用。

# 别被"无糖"忽悠了

马少刚

随着糖尿病、肥胖症等一系列富贵病的发病率越来越高,人们开始关注糖分的摄入。糖友们视"糖"为大敌,无糖食品的概念越炒越热,无糖食品渐渐"飞入寻常百姓家"。

目前,市场上流通的无糖产品可谓五花八门,如无糖啤酒、无糖南瓜汁饮料、无糖饼干、无糖麦片等。可是,所谓"无糖食品"的效果真的那么神奇吗?当然不是。

真正的无糖食品应该是不含蔗糖、麦芽糖、果糖等糖分的。事实上,目前所谓"无糖食品"并不是那么简单,其中有不少猫腻。特别是一些利欲熏心的商家喜欢玩文字游戏,在商标表面注明"无糖食品",在小括号里注明是"无蔗糖",这是典型的骗人招数,因为无蔗糖不代表没有其他单糖,如葡萄糖、果糖、半乳糖等,也不等于不含双糖,如乳糖、麦芽糖等。甚至一些无良商家,本来在商标上注明"无蔗糖",却在配料表中标示"白砂糖"或者"葡萄糖"字样。其实,"蔗糖"和"砂糖"都是白糖,只是叫法不同罢了。

这些所谓"无糖食品"事实上是有糖的,原本想降糖的人食用之后可以说起不到丝毫作用,而糖尿病患者如果被误导,食用了大量的有名无实的"无糖食品",会对健康造成严重的损害。

## 诗苑抒怀

### 玉兰花赞

陈玉镕

春风挥笔耀人间,万紫千红竞靓颜。
谁立枝头仰天笑,未出绿叶亦争先。

# 高血压患者咋度夏

陆为高

夏季，人的消化道功能减退，食欲下降，水分丢失较多，高血压患者尤其要注意。

首先要坚持勤喝水。夏天温度高，出汗多，血液浓缩，在睡眠或静坐等血流缓慢的条件下，容易发生血栓，可引发心肌梗死及脑血栓等严重疾病。因此，高血压患者在夏季要经常补充水分，即使感觉不太热时也要常喝水，不能等口渴才饮水，每次饮水200～300毫升，一天2000毫升左右。

其次饮食要以清淡为主，适当增加富含钾、镁的食物，如芹菜、黄瓜、大蒜、绿豆及香蕉等。因钾和镁既可保护心血管，又可促进钠的排出，有利于保持血压稳定。此外，高血压患者如无糖尿病可多吃些西瓜、苹果、黄瓜、西红柿和番薯等，可以稳定血压和降低血压。高盐是使血压升高的一个重要因素，高血压患者每日盐的摄入量应控制在5克以下，同时要控制膳食中的脂肪及过多的谷类主食，增加摄入禽类及鱼类等含蛋白质丰富且含脂肪较低的动物性食物。

高血压患者夏天夜间睡眠质量下降时，易造成自主神经紊乱，血管收缩，致使血压升高，有可能导致出血性中风。因此，一定要保证正常睡眠。另外，夏天日长夜短，常使老年人睡眠不足，这将影响血压的稳定，故有高血压病的老年人在夏天应创造温度适宜且幽静的休息环境，除夜间有足够的睡眠，每天还可午睡1小时左右，这将有利于血压稳定。

夏天，高血压患者在健身锻炼时应避免选择高温、高湿和通风不良的环境。不可盲目加大运动量，以防能量消耗过大，影响血压和体温调节中枢，诱发血压猛增，甚至危及生命。值得注意的是，由于夏季人体的消耗比其他季节大，高血压患者的行为方式也应作出相应的调整，以静养为主，但这并不意味着可以一直躺着休息，用不着锻炼了，而是应该调整锻炼时间，降低锻炼强度，早上锻炼的时间应该比平时适当地提前一点，傍晚的锻炼时间可选择太阳落山以后，千万不要在烈日下进行体育活动。老年人锻炼达到舒畅的感觉即可，中年人则可以让自己体会到出小汗，有小劳的效果。活动持续时间应控制在30分钟至60分钟之内。适合高血压患者的体育活动项目有打拳、行走、慢跑和游泳等。

高血压患者要特别注意自己的生活环境，居室温度保持在27～28℃为宜，避免对着空调机直接吹冷风。

如果不注意，不仅容易感冒和发生肺部感染，还易使人体血管调节功能紊乱，导致心脑血管意外的发生。此外，长时间"闷"在空调房间里，由于室内外空气交换不够充分，还会引发"空调综合征"，使人出现头晕、口干、心动过速等症状。因此，定时通风换气十分重要。最好的方式是下半夜将空调关闭，打开窗户，早上10点以前尽量不要开空调，这样每天可以使居室内有三分之一的时间充盈着自然空气。

# 夏季外用药物常见误区

赵燕松

夏季是皮肤病的多发季节，很多患者认为皮肤病是小问题，喜欢自行购买一些外用药物治疗。其实，外用药物也有很多讲究。乱用外用药有时不但治不好病，还会导致病情加重。

### 误区一：瘙痒就用皮炎平

皮炎平的主要成分是醋酸地塞米松、薄荷和樟脑，醋酸地塞米松是一种弱效激素，外用主要治疗湿疹、皮炎等过敏性疾病，因含有薄荷和樟脑，外用时有一种清凉的感觉，对于虫咬皮炎等瘙痒严重的疾病效果不错。但不是所有产生瘙痒的疾病都是皮炎、湿疹，夏季好发的股癣常常也使人瘙痒难耐，此时用皮炎平就会使病情加重。

### 误区二：足部疾病就选达克宁

达克宁的主要成分是硝酸咪康唑，主要作用是治疗足癣、股癣等真菌感染性疾病。很多患者自行购买其治疗足部瘙痒，但有时效果不佳，因为足部瘙痒不一定就是足癣。足癣是导致足部瘙痒的主要原因，但足部瘙痒还可能是湿疹、接触性皮炎等过敏性疾病导致的，此时外用达克宁无效，需要使用艾洛松等激素类软膏。

### 误区三：足癣不痒即可停药

夏季天气炎热，足癣进入发病高峰期，很多患者外用美克、兰美抒或达克宁治疗，三四天后瘙痒消失即自行停药，但很快又会复发。反复数次后便认为足癣是不治之症。其实这是用药不规范所致，瘙痒消失后还应继续用药一至两周，以彻底杀灭真菌。患者还可以同时口服抗真菌药物，与外用药物合用，这样一两周就可以治愈了。

### 误区四：蚊虫叮咬就用清凉油

蚊虫叮咬后很多人习惯抹点清凉油，但有时候效果并不好。其实治疗蚊虫叮咬应以止痒抗过敏为主，炉甘石洗剂使用方便，止痒效果好，艾洛松、尤卓尔、派瑞松等糖皮质激素类软膏抗过敏效果佳。如果瘙痒剧烈，可口服一些抗过敏的药物。

## 书画园地

韩文清绘画作品

# 夏季穴位养心

## 李刚毅

夏季五行属火，火在天为热，在人为心，心与小肠为表里相合之脏腑，因此夏季气候炎热，在人体则心气较旺，此季节心脏与小肠多发病。

夏季应保养心神，摄调精神，预防疾病，曲泽、百会、印堂、心俞、三阴交穴具有良好的防治效果。

1.曲泽。在肘横纹上，肱二头肌肌腱的尺侧缘，属于手厥阴心包经。本穴具有清热解暑、祛湿止泻、除烦止渴的功效，在夏季选用此穴能很好地预防和治疗暑湿侵袭所引起的高热、心烦口渴、大汗淋漓、呕吐、腹痛腹泻等症，为祛暑清热之良穴。

2.百会。位于两耳尖之上，头顶正中，属督脉之穴。本穴有升阳祛湿、清头醒脑的功效，能很好地预防和治疗夏季炎热或中暑引起的头昏头痛、乏力倦怠、胸闷气短、口渴汗多等气阴耗伤之症。

3.印堂。位于两眉头中点，属于经外奇穴，具有清头明目之功，对于头晕头痛、脑涨耳鸣、眼目肿痛等暑热之症有良效。

4.心俞。位于背部足太阳膀胱经上，在第五胸椎棘突下旁开5厘米处。功能有通心络、安心神、养心血、舒心气、壮心阳，治疗心烦、失眠、多汗、胸闷、气短、乏力等，为夏季养心、护心之要穴。

5.三阴交。在下肢内侧，属于足太阴脾经。功能为养阴清热安神，与阴陵泉相伍，具有清暑利湿、健脾养心的作用，可用于治疗夏季气阴两虚、脾失健运之证，如心烦失眠、气短多汗、肢体倦怠、乏力、纳差等症。

以上各穴均可自我按摩，操作时力量由轻到重，用拇指按揉3～5分钟，亦可用刮痧板蘸香油或刮痧油等，轻刮颈部、脊柱两侧夹脊穴、胸肋部、肘窝及腘窝等处。

# 在家泡脚，暖身又祛病

王利平

许多人喜欢去养生馆、足疗中心做中药沐足，觉得既暖身、解乏，又能调理身体。如果因为种种原因而不能到外面去沐足的话，那么完全可以在家中自己做中药泡脚，而且用熬出来的中药汁泡脚，要比足疗中心冲调药粉泡脚的效果更好。

中医认为："足是六经之根"，人体十二经脉中有足三阳经终止于足，又有足三阴经起始于足，分布于脚踝关节部位的经络穴位很多。泡脚疗法有疏经络、通气血、驱寒冷的作用。在冬季，睡前用热水泡脚有保健的作用。

### （一）生姜水泡脚

（1）方法。可以在泡脚的温热水中放入切好的生姜片，或者将生姜片在锅中熬10分钟左右，再将熬好的姜水倒入泡脚水中。

（2）适合人群。生姜，既是调味品又是一味中药，有解毒散寒的作用，特别适合虚寒体质的人。姜有渗透作用，泡脚时加入生姜，姜的有效成分就可以通过皮肤被人体吸收，这也是中医外治的方法之一。有慢性肠胃问题、经常失眠多梦、怕冷手足冰凉的人，睡前都可以用生姜来沐足。

### （二）用酒泡脚

（1）方法。在调好的温热水中，加入两汤匙白酒或黄酒，然后沐足。

（2）适合人群。酒有通络止痛、舒筋活血、促进血液循环的作用，特别适合有痛症的人，如关节痛、痛经等。有些老年人的指关节一到冬天就痛，可以在泡脚时在水中加酒，在泡脚的同时也可以把手放入水中同时泡。

### （三）用醋泡脚

（1）方法。在调好温度的泡脚水中加入两汤匙醋。

（2）适合人群。醋，有开胃养肝、强筋暖胃、消食下气的功效。月经不调的女性用醋泡脚，还有美容的效果。高血压患者也适合用醋泡脚。

泡脚禁忌：

忌空腹时泡脚。因为热水泡脚能使人体血液循环加快，身体消耗的热量增加，空腹时人的糖原贮量较少，易发生低血糖。

忌餐后立即泡脚。餐后即用热水泡脚会因水温的刺激，使皮肤和下肢血管扩张，肠胃中的血液相对减少，会妨碍食物的消化和吸收，所以在餐后1小时泡脚为宜。

使用中药材泡脚效果更好。中药泡脚是根据中药辨证施治原则，根据不同的病症选择适宜的药物，用水煎取汁液后浸泡双脚，药物的有效成分通过脚部被吸收，可以达到有病治病、没病健身的效果。

如果全家人共用一个泡脚桶，其中若有人有脚气，有脚气者泡脚时最好使用一次性塑料薄膜包裹泡脚桶，用后将塑料薄膜丢弃，以免传染给家人。泡脚桶每天用后最好在阳光下晒干，以起到杀菌的作用。

## 纸剪情深

《龙腾虎跃》孙学铭剪纸作品

# "柔"者长寿

别世芳

相传，老子有一位知识渊博、对许多问题都有奇特而独到的见解的老师，名叫常枞。晚年的常枞，有一次病了，老子去看望他，他俩便有了一段著名的对话。常枞张开嘴问道："你看我还有牙齿吗？"老子看了看说："没有了！"常枞吐出舌头问："那么还有舌头吗？"老子说："有，舌头还在。"常枞说："你懂我的意思吗？"老子思索了一会儿说："就是说，坚硬的已经掉了，柔软的还在。"常枞高兴地说："好！好！就是这个意思。"于是，老子在老师的启发下，悟出了"柔可克刚"的哲学思想。这个故事告诉人们：柔者往往健康长寿，而强者却易夭折短寿。

牙齿是人体的咬切和咀嚼器官，再硬的食物都能被它咬碎。由于它长年累月地与食物"硬碰硬"，有的渐渐地松动了，有的从中间折断了，最后，竟一颗颗地掉落了。而舌头虽柔软无比，却始终长期存在。这个事实也告诉人们：柔者寿长，强者命短。

那么，柔者为何能够长寿呢？原来，"柔"者性情温和，心平气和，从容不迫，不焦不躁。因之气血通畅，各个脏器运转自如，较好地协调内在和外在环境的关系，使人体的神经系统、内分泌系统经常处于一种有规律的缓释状态，自身的健康也就得到了有效保障。而"刚"者则正好与之相反，刚愎自用，目中无人，喜怒无常，置生理过程于非常状态，影响健康，尤其是发生激烈对抗的时候，仍然固执己见，一意孤行，缺乏迂回和谦让精神，非要拼个你死我活、争个高低上下不可。置自身于应激状态，这岂能不折寿？

柔者健康长寿的例子在我们的日常生活中比比皆是。有资料表明，在百岁老寿星中，女性占了绝大多数，且性格温和者居多，这也是"柔"而长寿的重要例证。明代养生学家吕坤，在他的《呻吟语》中告诫人们："天地万物之理，皆始于从容，而卒于急促。"并说，"事从容则有余味，人从容则有余年。"《后汉书》卷十八《吴盖陈藏列传第八》中也说:"柔能制刚,弱能制强。柔者德也,刚者贼也,弱者仁之助也,强者怨之归也。"因此,从养生角度来看,我们进入老年期后,理应逐步放慢人生脚步,从急速转向缓慢,从激进转向从容,从豪放转向静和,从强硬转向柔软,从阳刚转向阴柔。这是人到老年"柔"者长寿的保健秘诀。

我们军休干部大多数都在部队工作了几十年,过去在工作和生活中养成了雷厉风行的强硬作风,现在退休了,一定要尽快转变观念,放平心态,适应当前环境,过好军休生活。进入老年阶段后,对于我们来说,保持"随遇而安、豁达开朗、知足常乐"的良好心态非常重要。第一性情要柔顺,因为柔顺的性情有利于心理和生理健康,可以避免脑出血、脑血栓、心肌梗死等老年疾病的发生;第二饮食要柔软,因为老年人牙齿不好,肠胃功能减弱,不吃生、冷、硬等不易消化和刺激性的食物,有利于身体健康;

第三穿着要柔美,因为老年人皮肤干燥,破损后恢复缓慢,穿着柔软、宽松、透气性较好的衣裤、鞋袜、帽子等服装能够保护皮肤;第四行动要柔缓,因为进入老年阶段,人的神经、肌肉、骨骼等功能慢慢开始退化,人体协调性和灵活性开始变差,如果用力过急、过猛,过累,容易受伤,甚至会产生更为严重的后果,所以任何行动都应慢慢来,以防眩晕摔倒、挫伤、闪腰,参加体育锻炼,也应选择太极拳和散步等动作柔和、运动量适当的项目,以确保安全。总之,"柔"字要贯穿于我们老年人日常生活中的各个方面,成为养生抗老和欢度晚年的要诀,从而使我们更健康、更幸福、更长寿。

我国著名人口学家马寅初先生一生历尽艰难,可他遇事从容,处世乐观,曾书写一副对联以自勉:"宠辱不惊,闲看庭前花开花落;去留无意,漫观天外云卷云舒。"马老101岁仙逝,正是有了一生从容自若的"柔"性心境,才使他虽处境艰难却能长寿。

# 奔跑的爆米花

吴 建

在童年的记忆里，冬春时节最开心的事，便是手里攥着爆米花和小伙伴们满地里野玩。

那时，一进入冬月，爆米花师傅就走村串户招揽生意了。我们这里有个习俗，大年初一早上，家家户户是不动锅的，早早烧锅被认为是对灶王爷的大不敬。那么早餐吃什么呢？吃爆米花。也难怪，前一天的年夜饭特别丰盛，早已撑肠挂腹了，早饭谁还想再吃那油腻腻的食物呢。于是，大人小孩都泡一碗爆米花权作早餐。

儿时的我，一听到村里传来爆米花的巨响，便知道爆米花师傅进村了。打听到爆米花师傅所在的具体位置，我赶忙三步并作两步跑回家，还没到家门口就扯着嗓子大喊："娘，爆米花师傅来了，咱家打爆米花吗？"正在家中纳鞋底的母亲走到外面对兴致勃勃的我说："爆米花师傅一来，我就知道你的馋劲上来了。好的，娘给你拿米去。"母亲从米缸里舀了一大瓢大米，用箩筛筛去碎米，称了两三斤颗颗饱满圆润的白花花的大米放进米袋递给我。

我兴冲冲地来到爆米花师傅临时搭起的简陋的帐篷里，只见"黑葫芦"状的炒米机架在一个小锅炉上，炉火熊熊，火舌跳跃着舔着炒米机。师傅左手不断地转动炒米机手柄，右手推拉着鼓风机，看到炭火小了些，又连忙放下鼓风机，用小铲挖点黑炭放入炉中，红红的火舌顿时又蹿向炒米机。师傅还不时观察着炒米机上的压力表，掌握火候。大约十分钟光景，炒米机上的压力表达到一定数值就要熄火起锅了。师傅小心翼翼地把"黑葫芦"从架子上拎下来，用一条大麻袋套住炒米机的盖口，顺手抄起一根铁棍撬动机盖。"嘭"的一声巨响，犹如放炮一般，震耳欲聋，旁边胆小的女孩忙捂住耳朵，躲到帐篷外面去了。随着巨响，炒米机周围升腾起一股白烟，烟雾迷蒙中，那条大麻袋伸得又直又圆。待白烟散去，师傅从麻袋中倒出爆米花。爆米花粒粒饱满，洁白圆润，寒风裹着爆米花的馨香直钻入鼻孔，让人好似在冬天里闻到了三月桃花香。我使劲地咽了一下快要流出的口水，耐心地等待着。

终于轮到我了，我把米袋交给师傅。师傅用搪瓷杯舀了半杯米倒入炒米机的"大肚子"里，盖紧机盖，然后"哐当、哐当"地摇起机柄。我焦急地看着压力表，心里默念着催促：快点转啊快点转。可那压力表好像和我作对似的，转得像蜗牛一样慢，我恨不得上去把它调快一些。在我备受煎熬的期待中，师傅终于放下机柄，拎起了"黑葫芦"。又是一声响彻云霄的巨响，我的爆米花终于出炉了！我迫不及待地抓起一把爆米花塞进嘴里，啊，又香又脆，芬芳满口。装完爆米花，我付了加工费，提着爆米花布袋兴高采烈地往家跑，一边跑一边还不忘抓一把爆米花往嘴里填。中午，母亲在炖蛋时，特地舀了半瓜瓢爆米花放进蛋碗里，再滴上几滴麻油，顿时香气四溢，吃起来鲜嫩甘醇。我舀了一勺又一勺，一大碗蛋被我一人吃了一大半。母亲看着我，慈爱地说："好吃你就多吃点，尽管吃，明天娘还炖蛋给你吃。"

香喷喷的爆米花香浸满了整个腊月和正月，这个时候，连风打的旋儿都香气扑鼻，整个村庄都浸透在香海中了。储存爆米花的蛇皮口袋要扎紧，否则漏进空气爆米花就会变潮，没那么脆了，吃起来味同嚼蜡。大年初一，每人泡上一碗爆米花，放点红糖，甜津津的，真爽口！有的大人到田间劳作时也喜欢带点爆米花做零食，留着饿了吃。最引人注目的是我们这些孩子，一个个衣裤的口袋里装的是爆米花，手上拿的是爆米花，嘴里吃的还是爆米花。在巷子里，在小路上，在打谷场上，我们奔跑着，欢叫着，不时就朝嘴里塞上一把爆米花，甜丝丝、香喷喷的，我们跑到哪里，哪里就会有一阵清香。

虽然我们的童年没有平板电脑，没有滑板车，没有各种各样的辣条薯片鸡柳，但那爆米花的香味远胜过时下流行的儿童食品。而今，我当年抽打的陀螺早已不知去向，我小时候读过无数遍的连环画也被束之高阁，我的童年已一去不复返，可爆米花的美味至今留芳齿颊。那期待，那翘盼，那欢畅，恍如昨日。

童年，是金色的，而爆米花，则把我金色的童年熏得酽浓浓的。碌碌人生路上，还有什么是能比无忧的童年更美好的呢？

# 童年的杂货铺

张艳军

我的童年，可玩的玩具少之又少，大多数是因陋就简，就地取材，自行攒制而成的。若说稍微精致一点儿的，那便是用旧物在换货老汉那里换回的各式各样的玩具。

每当巷子里传来"棉花套儿换烟火"那苍老悠长的吆喝时，我就知道，换玩意儿的老汉来了。明明是"换玩意儿"，却吆喝"棉花套儿换烟火"，你说有意思不有意思？听到吆喝声，我像被什么东西刺了一下，精神为之一振。无论我手头上正做着什么功课，都会立马放下，脚步一颠儿一颠儿的，屁颠儿屁颠儿地跑出去，边跑边脆生生地回应着："换你不换我。"紧接着，巷子里回荡起一阵轻快悦耳的笑声。

我家门外有一棵大槐树，已经很老了，树身都空了。我们常常钻进去，玩捉迷藏，却从不在意上面会不会突然掉下一条凉飕飕的菜花蛇。大槐树的树冠很大，树叶却很小，像铜钱；也很密，密不透风，像一把遮阳的大伞。树下浓阴匝地，凉意袭人。

此时，老汉正坐在树荫下的白玉条石凳上，悠闲地摇着蒲扇。他的旁边，停着一辆独轮车。车上面平铺着一块木板，木板上面是一个用硬铁丝绑成的大盒子。透过蜂窝状的网眼，能清楚地看到里面或立着，或躺着，或挂着好多好看、好玩、好用的小玩意儿。

盒子里还装着各式各样捏成的小泥人，有的是故事中人物的模样，有的则是小动物的模样，如小鸡、小鸟、小兔子，表面还涂上了花花绿绿的颜色，栩栩如生；前后留两个小眼儿，里面放上一个小豆豆，用嘴一吹，叽里咕噜，好响。

盒子里不光有小泥人，还有许多东西。诸如笔墨纸砚、针头线脑、火柴蜡烛等，看上去杂七杂八，大都是居家过日子必不可少的物品，还有许多商店里没有的好东西，真像一个流动的小杂货铺。所以，大树下，独轮车旁，不仅围着我们这些好奇的孩子，还吸引着大娘大婶们前来挑选选。

隔壁的老奶奶，挑中了一把竹篦子和一支簪子。拿回家，用竹篦子把花白的头发梳了又梳；然后，在脑后打一个纂儿，再用簪子别好。拄根拐棍出去，坐在家门口晒太阳。路过的人瞧见了，都说：这老太太今天可真精神。老爷爷喜欢抽烟，眼看着打火机里面的煤油快用完了，这两天正发愁呢。这不，老爷爷乐呵呵地换了一小瓶煤油，把打火机灌上油，装上一锅旱烟，点着，吸一口，用打火机按一下。烟灭了，又点上，吸一口又按，灭了，再点。如是再三，直至抽完。我在旁边看着，心里纳闷，不得其解。父亲是一家之主，家里缺啥短啥早已了然于胸。父亲这次换回去的是几包洋火（就是火柴，也叫烟火。那时许多人都喜欢这样叫）。洋火是家中必备之物。烧水做饭、煨炕取暖、点灯照亮，哪里都少不了它（我这时似乎明白了为什么吆喝"棉花套儿换烟火"。在人们心中，烟火要比小泥人重要得多）。母亲是家庭主妇，掌管着家里每个人的吃穿住行。所以，母亲选中了几团花花绿绿的棉线。母亲勤快，虽说是夏天，地里没

活，却正好趁着这段空闲在家做些针线活。母亲心细，记挂着该给小姨家的孩子添两双棉鞋了，她做的小鞋，总会在鞋面上绣一个猫头，或者一个虎脸，左右对称，惟妙惟肖。我就想，在我蹒跚学步时，我一定也穿着这么漂亮的鞋，一定羡煞了一众小伙伴。妹妹爱美，吵着闹着要红头绳，买来扎上，高兴得活蹦乱跳，像一只快乐的小鸟，在屋里屋外飞来飞去。

我呢，早瞄好了自己心仪已久的"砸炮子"。"砸炮子"是"枪"的"子弹"。我飞快地跑回家，拎出来几双旧鞋几个酒瓶子，把相中的"砸炮子"换到手。"枪"早已经做好。那是用铁丝弯成的，穿上几扣自行车链子，最前面的一扣再安上一个子弹壳；装上撞针，勒上皮套，把"砸炮子"放在最顶的一扣里；拉上撞针，一搂扳机，"啪"，一声"枪"响，"战斗"开始了。

老汉歇够了，站起身，重又推起独轮车，吆喝一声"棉花套儿换烟火"，我们接着脆生生地回应"换你不换我"，伴以一阵轻快悦耳的笑声。我恋恋不舍地望着他的背影，举起"枪"，"啪"，开枪为他送行。

童年的杂货铺，难忘的乡村记忆。

# 遗失的寒冷

张亚凌

三十五年前，站在宿舍门口，看着那萌发新芽儿的柳枝映在斑斑驳驳墙面上的影子，我一边感慨着"春天总算来了"，一边告诉自己：在以后所有的冬天，我再也不会有寒冷的感觉了。

也正是那一年，十三岁的我，遗失了寒冷。

那一年，我升入初中，必须在学校住宿。褥子被子一捆，和一大布袋子红薯、糜面馍馍、玉米糕绑在一起，母亲帮我拎起来搭在肩上。背上是褥子被子，胸前是个大布袋子，后面重前面轻，我都有些把持不住自己的身子。母亲只是交代了句"不要贪吃好的，一顿蒸上两个红薯一个糜面馍玉米糕就行了"，都没能将我送到家门口，就转身忙自己的活计了。

走一走歇一歇，到了学校，喘了半天气我才缓过神来。宿舍其实就是一孔窄窄的窑洞，没有什么土炕、床之类的来区分铺床的地方与地面。有家长送的，家长就在最里面给自己的孩子收拾床铺，其他的孩子就跟着往里面挤着铺。

进入初中，我遭遇的第一个问题是在铺床时发生的，这让我隐隐地感觉到自己和别人是有所差异的。

别人都是先在地上铺一个厚厚的草垫子，上面再铺个毡子什么的，接下来才铺上褥子，褥子上面还有个布单子，说叫"护单"，怕把褥子弄脏了。我呢，只带了褥子和被子，压根儿就没有其他的东西铺在地上，而褥子显然是不能直接铺在地上的。于是我就满学校找来了一些纸片，铺在地上，才开始铺褥子。结果是：我的床铺比两边的同学低下来一截，她们都觉得我不应该夹在中间。于是，我就自觉地挪到了最边上——门口。

一个多月后，进入了真正的秋天，天就彻底凉了下来。我才明白为什么家长们都争着在最里面给自己的孩子铺床：不论谁，也不管是晚自习回来还是半夜上厕所，一开门，冷风就别无选择地锁定紧挨门口的我为袭击的第一目标。

记忆里，初中三年的冬天，我睡觉没有脱过一次衣服。宿舍的地面本身就高低不平，加之我的褥子也不厚，穿着衣服躺在上面都硌得生疼。我睡觉时特别小心，躺上去后，向左一滚，右面的被子就被压在了身子下面，再向右一滚，左面的被子也被压在了身子下面。这样一来，我身子下面就有了一层褥子两层被子了。如此想来，好像自己占了谁天大的便宜似的，睡觉都会偷着乐。

如今想来，我的所谓快乐，只是纯粹的阿Q精神罢了。

我的褥子几乎是直接挨着地面的，地面很潮湿，褥子一揭起来，背面经常是湿漉漉的。只要有一丁点儿太阳的影子，我都会迫不及待地将褥子抱出去晾晾。我现在特别喜欢冬天的太阳，甚至会深情地看上半天，恐怕就缘于那个寒冷的冬天我对太阳的感激吧？

冬天天冷，夜长，起夜的学生也多。门一拉一合，冷风就直刮进来。抗击了半天冰冷好不容易才入睡的我，常常被冷风刺醒。于是，为了躲避寒冷，我学会了将自己的头整个儿裹在被子里睡觉。

我从来没有跟母亲提及此事，也没有提醒母亲给我多带一床被子。倒是母亲有些想不通，曾对父亲说："这娃书念得成呆子了，炕中间烧得热乎乎的，她咋老想靠墙睡觉？"现在想来，那种奇怪的反应该不会是寒冷留下的恐惧症吧？

——是那刺骨的寒风吹走了我的寒冷？

记忆里，那年的冬天，下雪的日子似乎很多。我还清楚地记得当语文老师看着窗外纷飞的大雪吟诵"今冬麦盖三层被，来年枕着馒头睡"时，我的泪珠悄然从眼角滑落。

在我看来，下雪天是最难熬的日子，包括雪后的一段时间。不仅仅是褥子只能无奈地潮湿下去，更重要的是，我只有脚上一双布鞋，不像别的孩子，还有一双换着穿的鞋子或是能踩雨雪的黄胶鞋。

教室、饭堂、厕所，跑上几趟，布鞋的鞋底就湿了，一天下来，就湿透了。我就满教室找别人扔的纸片，厚厚地铺在鞋里，一两节课下来，又湿透了。将纸片取出来扔掉，再找纸片再铺进去，再应付一阵，如此反反复复。纸片也不是那么好找的，那时一个本子一毛钱，同学们都是很节省地用。

雪后若有太阳，在别人吃饭时，我就留在教室里。因为饿是可以忍受的，入骨的冰冷却是我难以抵御的。等到教室里没人了，我就将凳子搬到外面，将鞋子脱下来，底朝上晒晒。我则盘腿坐在凳子上，搓揉着冰凉如石块的脚，让它暖和些。

再后来，我有些开窍了：找到塑料袋，撕开，铺在鞋底，再铺上纸，就好多了，也不用不停地换纸。有一句话我信，那就是"许多智慧来自人们对贫穷的应对"。

更多的时候，是等着鞋子自己慢慢变干。我甚至曾一度固执地认为，是我自己的身体暖和了脚，脚再暖和着鞋子，直至吸干鞋子里里外外所有的"水分"，鞋底才会变干的。

——还是连续的雪天冻掉了我的寒冷？

每个周三下午，我都必须自己跑着回家取下半周吃的红薯和糜面馍馍玉米糕。印象最深的一次，下着大雪。

雪大风猛，我抄小路往家里赶，有的地方雪没过了我的膝盖。很熟悉的小路也因大雪的覆盖变得陌生，我一脚踏下去摔进了雪里面——我把沟边当成了小路。从雪里爬出来，继续往回赶。记得我一推开房门，母亲愣住了，一个劲地说："照一下镜子，看你成了啥样了，看你成了啥样了……"

父亲倒了一碗热水端给我让我暖和暖和。我伸手去接，明明接住了，碗却摔在了地上——我的手指冻僵了！我走到镜子跟前，眼泪"唰"地流了下来：被雪弄湿了的头发，在风的猛刮下，直直地向上竖着！

母亲拿着梳子赶过来给我收拾头发，才惊叫道："你的头发都结了冰。"我只说，赶紧给我装吃的，我不想迟到。我背起装满干粮的布袋子，又赶往学校。

风还是那么猛，雪更大了。

我也说不清为什么，至今想起那个下午，我都会泪流不止，包括此刻。

一个十三岁的小姑娘，独自对抗过那场大雪后，她似乎再也没有畏惧过什么，包括寒冷！接下来的两个冬天，似乎都一样，再也没有变出什么新花样折磨这个小姑娘。

——还是那场大雪不客气地冻掉我那脆弱的寒冷？

又或许是那一个一个漫长的冬天，一点一点吞噬了我的寒冷？我只知道：在三十五年前，我，遗失了我的寒冷。

# 最闽南的乡土之音

吴培文

癸卯元宵，恰巧从南京来了好友，我便请他在泉州赏灯。因为之前多年停办灯展，今夕华灯重挂，显得格外隆重。虽是雨打灯头时景，依然挡不住游客的脚步，观赏者络绎不绝，更胜往昔。古城街头巷尾，早已人山人海，熙熙攘攘，喜气洋洋。琳琅满目、五彩缤纷是花灯的世界，摩肩接踵、川流不息是游人的海洋。

每逢正月十五元宵之夕，泉州文化活动保留传统项目必须有的是赏花灯、看梨园戏、听唱南音，隆重时还常常有群众集体踩街表演等盛大文化活动。

我们信步在温陵古街，佳节胜状，让人目不暇接。游到文庙，只见南音社正在演奏南音，南音是我从小喜爱的音乐，驻足聆听，此时恰好演奏一首南音名曲《元宵十五》，此应时、应景的曲子，听起来格外亲切，但闻悠扬婉转、清幽素雅的歌声正从演唱者口中徐徐传来：

元宵十五、共君亲相见、见君标致、看君恁标致、恰似天仙无二、返来阮厝、恹恹成病、幸逢六月、幸然楼前、掞落手帕荔枝、伊来阮厝、为奴三年、忍心不过、心忍不过、即会共君、私结连理、恨煞林大毒心行止、买嘱知州、买嘱知州、掠伊发配崖州、汝掠阮双人拆散、分开做两边。

其柔肠百转、哀婉入神、清脆悦耳的歌声，让我们如痴如醉。歌词讲的是在福建、广东一带家喻户晓的民间故事。南宋末年，福建泉州青年陈三与广东潮州姑娘黄五娘在潮州城邂逅，楼上抛荔，灯下搭歌，两人相识相知相爱。其"月上柳梢头，人约黄昏后"的浪漫情节，异地恋爱，跌宕起伏，一波三折，让人扼腕同情！

此时，我的思绪循着南音低吟的曲律蹒跚而行，所经之处，沉睡的往事记忆纷纷醒来。我发现我又回到了孩童时代。每个人的童年时代都有着不同的美好记忆，我的童年时光最美好的记忆是在学习南音的优美旋律时徜徉度过的。

我等少小之际，每当夜晚，总会呼朋唤友在村中古寺埕院里玩耍聊天，听老人讲故事和听人弹奏吟唱南音，当时文娱活动极少又简单。

傍晚时分，我们一群十二三岁的小伙伴又聚集在一起。村里有一位年事较高的长辈为人和蔼可亲，我们都尊称他为"吴老伯"，他是印尼华侨，返回故里的老前辈。吴老伯精神抖擞，精书法、善文学、懂律吕、通音乐。我们请他讲英雄故事，讲南音历史，他说南音文化是两汉、晋、唐、两宋等朝代的中原移民带入闽南地区的，具体深入地说，南音是唐朝大曲中的"破""遍"等宫廷音乐，与当地民间音乐相互融合发展形成的具有中原古乐遗韵的文化表现形式。还说汉唐音乐的根就在泉州！而且南音有着"中国音乐史上的活化石"之称。我们听得朦朦胧胧似懂非懂，只觉非常深奥又好奇。吴老伯问我们喜欢南音吗？想学不？我们虽然不懂但都不约而同地回答：喜欢，想学。老伯说：那我就教你们学唱南音，学奏乐器。

从此夜幕降临以后，我们就开始按吴老伯教的曲词读背，记得非常清楚，开始学的第一曲就是《元宵十五》，随后还学《共君断约》《因送哥嫂》《三千两金》《孤栖闷》《年久岁深》《直入花园》《雁南飞》《望明月》《山险峻》《醉花落》《恨冤家》《去秦邦》《南屏晚钟》《鱼沉雁杳》《再见阿郎》《听门楼》《梅花操》《四时景》《绣成孤鸾》等。

接下来，吴老伯又教我们南音曲谱，识别用合、四、一、上、尺、工、凡、六、五、乙等字样作为表示音高的基本符号的工尺谱。

吴老伯因材施教灵活安排，根据我们每个人不同的个性特点，分别安排学弹琵琶、吹洞箫、拉二弦、奏三弦、学唱曲等。

我和弟弟身材敦实中气较足，吴老伯就安排我俩学洞箫，或许是渊源使然，家父就是个洞箫能手，我时常能听到他那高亢清晰明快的箫声。

通过学习，我们懂得南音分上四管乐器。上四管又分"洞管"和"品管"两种不同组合：洞管——洞箫、二弦、琵琶、三弦、拍板五种；品管——品箫（即笛）、二弦、琵琶、三弦、拍板五种。

刚学习时，课堂就设在吴老伯家，一同学习的有十来个小伙伴，附近邻居闻讯也来凑热闹，吴老伯家地方狭窄，灯光昏暗，人多了坐不下了，屋外经常站满了人。生产队吴队长和会计对我们的学习十分支持，看到地方小，主动提出可以把生产队公家的地方（磁灶宋朝有座古庙叫程坑宫，远近闻名，当时腾给生产队做仓库）腾出一半，供大家使用。并拨付公款200元用于砌墙、粉刷四壁，装上多盏灯泡，新的课堂宽敞明亮多了，群众也共同出资，添置不少桌椅板凳和购买学习资料，学习环境得到极大改善。

课堂宽敞了，学员也增多了，吴老伯一个人教课已经忙不过来了，他又去找了几个志同道合的南音老师一起来教课。磁灶本地懂南音的老师都纷纷来了，新来的老师又分别教我们下四管乐器，有南嗳（中音唢呐）、琵琶、三弦、二弦、响盏、狗叫、铎（木鱼）、四宝、声声（铜铃）、扁鼓，共十种，这十种乐器又称"十音"。

那个年代，师气爽朗如清风拂柳，老师非常热心，有从南安溪美、官桥、泉州、石狮、青阳、安溪等地风尘仆仆免费前来给我们上课的；还有送乐谱、器乐、录音带的。特别令人感动的是每个周末从厦门鼓浪屿赶来的铁生老师，他在南音界很有知名度，他的录音带在香港销售价格比同

行每盒要高出两元钱，可见他水平的高超，可他也是上完课后就离开。村里人觉得过意不去，生产队商议拿出公款在每晚下课后给老师们每人煮一碗面线糊、米粉汤，暖暖身体，因为经费有限只能招待老师，还规定了学员不能吃。在当时如此艰苦的条件下，我们这些小伙伴们都无怨无悔，每天如饥似渴地学习着。

上课时，每个老师都会给大家补习课外知识，铁生老师给我们讲南音与诗歌的历史，他讲到，"二南"（《国风·周南》和《国风·召南》）绝大部分诗是西周末年东周初年的作品。经史、儒学大家郑玄《诗谱》曰："得圣人之化者，谓之《周南》；得贤人之化者，谓之《召南》。"关于"南"的含义，后来我查了甲骨文字典，根据甲骨文，证之以古代典籍，"南"原来是一种很古老的乐器名称，后来才演变为一种地方曲调的专名，古书称作"南音"。"南"这种曲调最初盛行于江汉流域，以后才逐步影响到附近北方的地区。"二南"中的诗就是用"南音"演唱的歌词，自汉朝以来，虽然"声"渐渐失传了，但是"南"这个名称仍然保留了下来。

后来我在安徽省蚌埠市禹会区

查到南音起源的另一个说法，南音最早见于《吕氏春秋・音初篇》，记载大禹的妻子涂山氏之女唱"候人兮猗"。大禹妻子女娇所作的南音"候人兮猗"之歌诗，是南音二字第一次出现，后人颂其为中国历史上的第一位女诗人，南音创始人，但其主要流传在南方。

每天晚上老师们都会轮流登场演奏，拿出他们自己最好的曲子唱一首，曲调优美、古朴典雅、委婉清丽的歌曲一场接一场。大家好像商量过似的，只要这一首曲你唱过了我就不再唱了，我不懂，问家父，为什么下一个人不重复唱上一个人唱过的歌呢？父亲说：那叫尊师重道，彼此推崇。自此，尊师重道四个字我便牢牢记在心上，始终不渝。

或许是我们的课堂设在庙里的缘故，青阳的蔡老师还给我们讲南音人会有敬神敬祖的仪式，说艺术界是讲究师承关系的。南音人将后蜀孟昶奉为南音始祖，号为"郎君"，他是南音的"行业神"。他说：慎终追远，其他行业都这样做。我们听了都不由自主地对行业祖先肃然起敬，心中涌起崇拜之情！

泉州曾老师说南音文化不只属于闽南，还应属于世界。他说南音文化早已随宋元时期的海外交流远播异国他乡，凡住有闽南人的地方都会有南音。他着重讲到郑和下西洋从泉州出发，船队中有大量泉州籍熟悉水性的船员，这些人携带南音，一者为自己在漫漫海路打发寂寞和思乡之苦，二者为文化交流，凡所到之处就唱给人们听，还教他们演奏。

明朝文学家茅元仪在对郑和下西洋的功劳评价中说过：夫劳近以务远，君子不取也。不穷兵，不疲民，而礼乐文明赫昭异域，使光天之下，无不沾德化焉，非先王之天地同量哉。其中提到的礼乐文明，乐者也有部分指带去的华夏正声南音乐曲。

南安王老师常去北京演唱，她说，据传清康熙60岁大寿时，李光地邀请泉州5位乐师进京表演。皇帝还封赐弦管人为"五少芳贤""御前清客"，故以此为荣耀。南音演出时，台上都摆有两只木雕小金狮子让弹奏者垫脚，这种表演形式被称为"脚踏金狮"。这种独特的陈设和礼仪就起源于清康熙年间。可见南音文化在达贵与平民中都有深厚的感情基础，闽南人引以为豪。

经过不懈地努力学习，我们在半

年多的时间里很快掌握了演唱和演奏技巧，也时常在老师的带领下一起出去义演，这可以称为早期文化下乡，深得当地群众的好评。回想当日，我们在磁灶曾经掀起一股学南音唱南曲的热潮，其四乡五里赶来聆听的盛大场面，每天的人流量绝对不亚于任何一场庙会，至今上了年纪的人还时常津津乐道，引为聊资。

南音之妙在于"神"，如四大名谱之一《百鸟归巢》，以音乐摹绘鸟雀灵巧的跳跃、欢呼等节奏，快慢有序，栩栩如生，惟妙惟肖，引人入胜，妙趣横生，神形兼备！

南音之妙在于"韵"，其实中华文化何尝不是只为"韵"而苦苦寻找呢？如品茗，如太极，如舞蹈，如书画，如……这个"韵"只可意会，不可言传，感觉天成，如俞伯牙与钟子期之高山流水，或如孔子之闻韶乐，又如禅之达者拈花一笑！

岁月如歌，在短暂学习南音的时光中，老师们孜孜不倦，不仅教给我们南音文化的知识，更是教给我们很多传统文化博大精深的内涵及为人处世的方法，使我们获益匪浅，受用终身！我想，这一定是礼乐教化的作用。

南音如风吹开心声，南音似水润泽心田。

# 帘帘秋雨起乡愁

小林子

秋雨如帘，轻轻地垂落在大地上，如同一幅细腻的画卷展开。它们像是无数细碎的泪珠，从天空中飘洒而下，轻柔地触碰着大地的每一寸肌肤。这些雨滴，仿佛是天空中的琼珠，洒落在人间，将大地染上一层淡淡的忧伤。

帘帘秋雨，带来了一种特殊的氛围，让人不禁陷入了乡愁的深渊。它们像是一位位忧郁的诗人，轻轻地吟唱着离别的曲调，让人心生感伤。每一滴雨水，都是一段往事的回忆，一段深埋在心底的思念。它们在空气中飘荡，如同一缕缕烟雾，将人们的心灵牵引到那些遥远的岁月里。

秋雨的帘幕，将大地包裹得如

同一个悲伤的舞台。树叶在雨中轻轻摇曳，仿佛是在诉说着自己的离愁别绪。它们像是一群失落的舞者，优雅地舞动着，将自己的忧伤融入大自然的怀抱中。而大地，则是一个默默接受的观众，静静地聆听着这场悲剧的上演。

帘帘秋雨，不仅仅是一场自然的表演，更是一种情感的释放。它们仿佛是一位位寂寞的旅人，漫步在乡间小路上，带着一腔思念，一路向前。它们在雨中跳跃，如同一群欢快的孩子，纵情地嬉戏着。它们在雨中飞舞，如同一群自由的鸟儿，展翅高飞。

帘帘秋雨，将乡愁凝结成了一幅美丽的画面。它们像是一位位温柔的母亲，用自己的泪水滋润着大地的每一寸土壤。它们像是一位位慈祥的老人，用自己的双手轻轻地抚过每一片叶子。它们像是一位位执着的艺术家，用自己的彩笔勾勒出一幅幅动人的画卷。

帘帘秋雨，将乡愁凝聚成了一种情感的力量。它们像是一股股温暖的潮流，涌动在人们的心间。它们像是一束束明亮的光芒，照亮了人们前行的道路。它们像是一首首动人的乐曲，唤起了人们内心深处的共鸣。

帘帘秋雨，让人们感受到了生命的美好与脆弱。它们让人们明白，乡愁并非是一种负担，而是一种珍贵的情感。它们让人们明白，离别并非是一种终结，而是一种新的开始。

帘帘秋雨，将乡愁凝结成了一种永恒的记忆，让人们在岁月的长河中，感受到生命的深度与宽广。

然而，就在这个秋雨如帘的季节里，一个意外的事件发生了。一场突如其来的洪水席卷了整个乡村，将帘帘秋雨的美丽画卷瞬间撕裂。大地被泥浆淹没，树木被连根拔起，房屋被洪峰冲垮，人们的生命也被无情地夺走。

这场灾难让人们陷入了深深的悲痛之中。他们失去了家园，失去了亲人，失去了曾经美好的一切。然而，正是在这场灾难中，人们展现出了无比的坚强和团结。他们相互扶持，共同面对困境。他们用自己的双手清理废墟，重建家园。他们用自己的行动证明，即使面对巨大的灾难，他们依然能够坚持下去。

帘帘秋雨的美丽虽然被洪水摧毁，但人们的心中依然保留着那份对生命的热爱和对未来的希望。他们相信，即使经历了痛苦和困难，他们依然能够重新站起来，重新创造美好的生活。

于是，人们开始重建家园，重建乡村。他们修复房屋，种植庄稼，恢复生活的秩序。他们用自己的努力，让帘帘秋雨重新在大地上飘落，让乡愁重新在心间流淌。

帘帘秋雨，继续在大地上轻轻地飘落，如同一幅细腻的画卷展开。它们带来了忧伤，带来了希望，带来了生命的力量。它们让人们明白，即使面对困难和挫折，他们依然能够勇往直前，迎接未来的朝阳。

# 菜园子的记忆

江小鱼

买回来的菜放了三四天后，蔫的蔫，坏的坏，爱人直说可惜了可惜了。那一刻，儿时的小菜园迫不及待地跑出来显摆自个儿了。

有记忆的菜园子是在四十七八年前，我五六岁，刚刚能比较靠谱地帮大人干点零碎活了，生产队专门划出来一块地，根据各家人口多少分一小块当菜地。

"凌儿，去地里割把韭菜，下午包煮饺。"母亲一声令下，我就拿了小镰刀提着小篮子直奔菜地。

我走在巷子里挥动着小镰刀，颇为得意。那是父亲专门让老铁匠给我打的，全巷子里唯一的一把，割猪草时可顺手了。

从菜园子回来后，我总会把小篮子先藏在大门口，只捏一把韭菜跑到母亲面前，说，你要一把，我就割了一把。母亲会轻轻地戳一下我的小脑袋，嗔怒道，这点韭菜能包几个煮饺，塞牙缝？我则调皮地凑过来要掰开母亲的嘴，嚷嚷着要看她的牙缝有多宽，能塞多少煮饺。母亲会挥着手装出满脸的不耐烦，说道，再割去再割去，再割这样十把——小手跟鸡爪子一样，能握几根？这时，我就会表现得不情不愿地耷拉着脑袋，做出再次去菜地的样子，磨磨蹭蹭地往外走。不一会儿就拎着小篮子猛地跑到母亲跟前，大喊"回来了回来了，看我快不快"。

一次听花婶说她家中午吃南瓜面，我记下了，也想吃南瓜面了。第二天晌午，瞅瞅巷子里没人，就跑到菜地里，再瞧瞧也没人，就跑到花婶的菜地里摘了个大南瓜，抱着跑回了家。当我双手捧着南瓜递给母亲说"咱也吃南瓜面"时，被母亲狠狠地戳着脑门训斥："你肚子有多大？吃了自家的还想吃人家的？你以为我种了啥菜，自家心里没底？"

母亲让我偷了谁家的就给谁送回去，送到家里去。

我站着，一动不动，即便是再小再小的孩子，还是要面子的。我被逼得说出"要送你送，花婶家的"这句后，又恢复了雕塑样，纹丝不动。高高大大的母亲看着我那敢做不敢当的熊样，生气了，一把拎起我的衣领——任我双脚悬在半空踢着蹬着无计可施，就被她拎着到了花婶家。

看着母亲进门一手托个南瓜，一手拎着我，不等母亲解释来龙去脉，花婶就打起圆场："哎哟哟，赶紧放下放下，看把凌儿恓惶的！谁吃不是吃？把娃为难的。没事没事，想吃就摘去。"

南瓜还是留给了花婶，南瓜面也没吃上。

回家后，母亲继续训斥我——

"以后长短不要为了嘴，弄脏了手。"

那时的我真不理解那话啥意思，心想弄脏了手怕啥，洗洗不就干净了，干吗要大惊小怪又兴师动众地折腾我？

"口没大小，得知道自个儿能吃啥，不能吃啥。"

这话我就更不明白了，口怎么就没大小了，怎么吃个东西还得注意那么多规矩？

不理解归不理解，打那以后我不再偷拿别人家的东西了。

我喜欢随母亲去菜地看她忙活：

有的菜需要搭架，像四季豆、黄瓜，它们都爱干净吧，不喜欢趴在地上长，不搭架就长不好。茄子、西红柿，也得管管，得用一根棍稍微帮扶着固定一下，要不结得一多，秆儿就会倾斜或干脆倒在地上。辣子好说话，结得再多，都不用辛苦我们去照顾……

"有的菜真麻烦，还要搭架。"我撇嘴道。母亲笑了，说娃娃都要大人时常打掐，不敢上了岔道，啥都一样，要长好都得费点劲。

母亲看菜园子就像看我们，满眼都是疼惜。可不，小小菜园，决定着我们的饭桌跟表情、心情。

# 往事中的父母

王近松

中学时代，我每年都会在一本专用的笔记本上，写下当年影响我的十位人物，还在后面标注当时影响我的缘由。

尽管过了多年，那些以日常为背景的故事，开始变得模糊，但那些人、那些面孔却从未被我忘记。要说影响我最为深远的，便是母亲。

前段时间热播的电视剧《大考》中，周博文的母亲赵珊从开始到剧终，一直扮演着一个既能顾全大局，又能照顾好小家这样的一个角色，从开饭馆到炒瓜子，让周博文的父亲从游戏中回归生活。周博文的母亲，用女性的智慧和对家庭的热爱，影响了周博文的父亲。

我母亲是地道的农民，只有小学文化程度，她说了一辈子的话，也不可能说出影响世人的名言警句，但她却用日常的行为和言语影响了我要成为什么样的人、做什么样的事。

在我四五岁时，父亲爱赌博，闲着一会儿的工夫便不见了。那时家中还在烧地火，每逢清晨家中烟雾缭绕，母亲都被烟雾熏得咳嗽不止，可父亲很少管这些。

记得一个冬日的早晨，父亲输了钱从外面回来，母亲背着妹妹正在拾柴，看着父亲从墙角走来，越来越近，母亲自然少不了在言语上对父亲的攻击。父亲自然听不得母亲的谩骂声，言语不合，两句话没说完便揪扯起来，两个人站在雪地上争吵，妹妹在母亲背上放声哭泣，落下的眼泪在雪地上戳开很小的孔，仿佛可以看穿岁月。

最后奶奶插话，批评爱赌博的父亲，这场雪地上的争吵才得以消停。尽管双方不骂了，进入房间，也各自把脸甩在一边。母亲心中自然是不高兴的，吃完早饭，独自一人拎着绳子和砍柴刀向山中走去，雪地上留下的脚印向山中延伸，像是绵长的生命线。

到十一二点，母亲背着一捆薪柴归来，肩膀和脊背已经被融化的雪浸透。母亲不会说其他的，她在用一种看似服软的方式回击父亲。她砍柴回来，就问我在家冷不冷，妹妹有没有哭。看似毫不相干的问题，实则是将答案丢给了父亲。

到了下午，父亲主动提出，如果母亲还要去砍柴，他也跟着去，母亲没有泪水，但在这场僵持和争吵中，她已经成为胜利者。

父母的背影消失在雪地上，又在雪地上出现。从一个人到两个人，从一对脚印到两对脚印，雪会融化，可那一起扛起家庭责任的时光不会消失，特别是那些争吵的时光，犹如过时的纪录片，令人回味。

自然界的雪会融化，但记忆中的雪不会。母亲眼里的雪一直那么白，那么干净。

父母有时吵完架回外婆家，到了外婆家门口，又会表现得很好，只要进门，笑容便会立马恢复。母亲回娘家，对于吵架之事从来都是只字不提。有一次外婆问我爸妈最近是不是吵架了，我说漏了嘴，外婆先是大声说了母亲几句，又叮嘱母亲：不要斤斤计较，要多站在对方角度想问题，只有家庭和睦才能生财。

回家路上母亲并没有生气，只是告诉我们："以后吵架的事，到外婆跟前谁都不能提，谁提回家就打谁。外婆身体不好，我们不能让外婆担心。"从此以后，不管父母在家里怎么吵，出了门，关于吵架的事就像一阵大风突然停了一样。

回头看，外婆已经去世十年，外婆去世时，弟弟只有三岁多，外婆在土墙房里走完了一生。母亲姊妹六个，她在家中是最小的，外婆去世时，大家强忍着没让泪水流出来。事后母亲说："生前把该尽的责任尽了，在她离开时，如果以泪洗面，只会让其他家人更悲伤。死亡这条路，我们都要走，但在走之前，把该尽的责任尽了，也没有遗憾啦。"

外婆的去世，让我猛地发现，死亡对于所有人来说都是一堂无法避开的课，但是母亲让我懂得了如何去看待死亡，作为孩子，该如何尽孝。

母亲对我的影响远远不只这些，而是生活的方方面面。读小学时，母亲带着我们走路去赶场，在路上会遇到一些较大的石头或者是能扎破轮胎的刺，不管多忙，母亲也要让我们把那些石头和刺挪开、移走。

走路赶场来回要三个小时左右，经常会经过一些村庄，到秋天，便会看到路边成熟的果实以及落在地上的核桃，母亲一向严格地要求我们，没有经过大人同意买或是得到主人允许，就坚决不能要。有一次在赶场回家的路上，弟弟哭喊着要吃一位苗族阿妈家的桃子，桃树和主人家房屋隔着200米左右，我告诉母亲："我偷偷穿过玉米地，去给弟弟摘两个。"母亲立即喝止，说道："你喊几声，让苗族阿妈称两斤桃子，一棵桃树长那么大不容易。"最后称了三斤，苗族阿妈又多送了半斤，还说道："你们耿直，有好几拨人看着没人在树下，悄悄摘了就走啦。水果嘛，本就是种来给大家吃的，但很多人不管是不是自己的就来摘。"

自那之后，母亲不在场，我便会告诉弟弟妹妹，不是自己的，坚决不能拿。

母亲很少在明面上告诉我们什么能做，什么不能做，但一直在用自己的言行影响着我们。

搬到小镇后，母亲与亲朋邻里处得很好，她像一位极富社交能力的外交家。2018年，我们生活的小镇发生洪涝灾害，尽管家中进了洪水，但母亲在把一些必要的东西带走后，她直接不要"家"了，进入水中把年纪大的老人拉出来，帮他们将必需品搬出来。

那年我上高三，家里人紧紧"封锁"了这条消息，大概过了三四天，洪水退后，弟弟告诉我，对于家中遭洪水之事，母亲只字不让提。

回看过去的二十年，母亲在茫茫人海中特别普通，年轻时她习惯围一条蓝色围巾，很容易就被人海淹没。我们读初中时，她喜欢戴紫色头巾，偶尔戴彩色的，包裹着头发的头巾颜色越来越多，可怎样也遮挡不住岁月对一个女性的伤害。

走出大学校园，回望求学路上，我遇到了无数影响我成长的园丁，他们告诫我对学问要严谨和认真，也同样教会我做人。母亲作为我人生的第一位启蒙导师，她一生的职称都不可能是"讲师""高级讲师""副教授"，她用有别于讲台的言语和没有教鞭的惩处，教会我做一个怎样的人。

她和父亲相互影响，尽管在过去很长一段时间，在物质上过得清贫，可我们在精神上是富足的。

当我回头去看，发现人生的美好，那些日常生活中常常出现的片段，成为我一生中最重要的一部分。

尽管踏上了社会，如今已经在职场混了几年，但在母亲看来，不管我们多大年纪，永远都是孩子。

# 山歌悠悠情悠悠

## ——怀念我的外婆

尹喜华

是的，您离开很多年了。您住过的房子，如今成了一栋小平房，那口正对着大门的池塘还在，只是您浆洗衣服的大石板已没了踪影。

您的墓地越发隐秘，被许多繁茂的草木包围着。山下建了一栋别墅，围墙顶参差地立着玻璃片，我们走在玻璃片旁边的狭窄小道上，还要注意成堆的牛粪、鸡屎，还有围墙内跳起来狂吠的狗。

母亲将酒杯斟满，对着坟冢撒了一圈——您老人家多吃一点哦。可我记得您并不爱喝酒。

关于您的记忆，是一条弯弯的上坡路，它的尽头是您的菜园。当您拄着拐杖、唱着山歌，带我在园子里劳作时，我爱上了豆角、辣椒、西红柿，也认识了彩叶一般翩飞的蝴蝶、白胖的花生虫、懒得蠕动的小青虫。您的山歌应和着虫鸣鸟唱，也能驱赶燥热、辛劳。有时，您会和菜地说话——你不老哩，和我一样有劲！你

辛苦啦，会给你留肥料的！叫那瓜藤快点结黄瓜吧，这妮子想吃呢……您定然听到了它的回复，有时满意地点点头，有时蹲下来静静地倾听……

关于您的记忆，是一个又大又光溜的背篓。不顾跛脚，也不顾眼疾，您总是和村里的妇女们走很远的路，去荆棘丛生、草木茂盛的深山里拾柴火。不管她们如何劝阻，您总是队伍里那个最积极、最快活的一个，您说自己拾的柴火烧得旺！"细唧冇腰，田塍躲猫；老人冇牙齿，打起飞脚子，咿哟喂……"山谷里回荡着您粗犷、悠远的山歌，也回响着大伙儿的欢声笑语……返程时，您的背篓里总是堆得高高的，那些交互缠绕的枯枝残叶，散发出山林里特有的气息。它们把您的背压得很低很低，您右手拄拐杖，左手绕到后面扶着背篓，走得慢，却也稳稳当当。年幼的我，每每这时，总是欢腾得很，跟着您上山拾柴、捡蘑菇，下水捞田螺、捡荸荠，

您教姑娘、婶子们唱山歌，大家说说笑笑，像赶场一样兴奋……

关于您的记忆，是伙房门口那张斑驳却干净的桌子。伙房的门对着那片清清池塘的一角，也对着村里人往返大菜园的小路。每当有人忙活归来，您总是招手吆喝——过来喝了茶哒哩！对面的人不论是老人还是年轻后生，也不管男的还是女的，一定会笑吟吟地走过来，把农具搁到隔壁的牛栏外，转身到池塘边洗手，然后挨着木桌，坐在长凳上。大伙儿东家长，西家短，聊得热火朝天，您乐呵呵地给每个人沏上一杯绿茶。他们端着花茶碗，吹一吹，喝上几口，间或把花茶碗放到桌子上，桌子上就开出一圈花来，很是好看。说到开心处，您和他们拍手大笑，或双脚一跺，笑得前俯后仰。我听不懂你们在聊什么，也不爱喝那滚烫的绿茶，却喜欢看你们热闹、欢喜的样子。直到天已黑，放牛伢子赶牛回家了，大家才陆续散去……

关于您的记忆，是您带着我深一脚浅一脚地赶路。村里哪对夫妻吵架了；哪家孩子调皮捣蛋惹祸了；哪家出远门，鸡鸭无人照管了……第一个找的准是您。不管白天黑夜，您拄着

拐杖走得格外仓促，我奋力追赶着。一路上，您的山歌像鼓点，释放您粗重的喘息，也牵引着小小的我。在大雨倾泻的前一分钟，端舅舅家晒谷坪里的稻谷收回来了，我和您累得腿脚发颤；您把红旗舅妈从娘家接回来后，红旗舅舅再也不打牌了，两年后他们也盖起了新房子……

关于您的记忆，还是那一罐罐香喷喷的黄豆子。每次我来到您这里，您总是从碗柜里拿出透明的玻璃罐子，倒出一大捧炒熟了的小黄豆，那又香又脆的黄豆安抚了我整个童年匮乏、空虚的味蕾。

这样的童年带着我，翻过两座山，绕过一大片田野找到您，然后嚼着黄豆数小鸡，坐在伙房门口看星星，躺在竹椅上听您讲立夏鸟的传说，听您讲村里那个画画的后生去了北京……

后来，我去乡里读初中了，又去城里读大学了。后来您越来越老了，不再能利索地上山下水，于是，村里的叔叔婶子们、舅舅舅妈们隔三岔五就给您送来煤球、茶叶、豆腐、鸡蛋，顺便帮您挑几担井水，要是哪家杀猪宰羊，一定会给您送来几块肉。您总是拒绝他们，他们就悄悄

地送……再后来，妈妈把您接到家里来。每个回家的假日，我都能见到您，见到发如白雪的您，见到自说自话的您。您已经不太认得我了，您经常指着前面空空的地方，说那里有个人在说话，但我并不害怕，因为在您的世界里，总是有人来来往往。

从这个时候开始，母亲才告诉我您的一些故事。

您的右眼是眯缝在一起的，从来没有睁开过，您还时常用手帕擦拭它。从我有记忆以来，您就是这样的。母亲说，您本是双眼明亮、眉清目秀的女子。

八岁那年，您成了童养媳，开始用稚嫩的双手操持一家人的活计，年幼不更事的您，自然遭受了诸多苛求和谴责。

您大女儿六岁那年，大人常常食不果腹，小孩更是饥肠辘辘。在那个饥饿成疾的年代，每一个单独靠近吃食的动作都会被误认为是偷吃，每一个偷窃行为都会被严惩。有一天，她路过一片四季豆菜地，看到那扁长的豆荚，她很好奇，摸了又摸，看了又看，这时生产大队长来了——一个四十多岁的中年男人怒吼："有贼偷菜，站住！"边喊边凶神恶煞地

狂奔而来，小女孩从没见过这样的阵势，吓得拔腿就跑。到家以后，她浑身湿透，全身瘫软，钻到床底下不敢出来。自那以后，她就一病不起，没过多久，就离开了人世。您再也见不到那个乖巧、可爱的女儿了，对您而言，这是怎样锥心的疼痛啊！极度悲痛的您天天以泪洗面，大病了一场。

您的儿子十七岁时，集体兴修水库，年轻的他是队里的劳动标兵。为了在六个月内完成修坝工程，大家没日没夜加班抢修，寒冬腊月也加班到半夜，冲锋在前的他用平板车推着沉重的泥土，一趟一趟来回奔跑，大汗之后便是蚀骨的寒冷……大坝即将落成，他却病倒了。在那个缺医少药的年代，他再也没有好起来，第二年就万分不舍地离开了这个世界。再次经受失儿之痛，您的心肝似乎都被挖掉了。您悲痛欲绝，号啕大哭，连声呼唤，却再也唤不醒那个青春少年！这一次，您没有生病，只是整天流着泪念叨着儿子的名字……

泪水天天侵蚀着眼睛，您的双眼又红又肿，迷离失神，经常流出一些又湿又黏的分泌物，可您顾不上这些，拿起手帕一擦，继续干活，继续思念您的儿子。就在这一年，您怀上

了小女儿——我的母亲，您似乎又看到了生活的希望，渐渐走出了失儿的悲痛。

两年后，您的小女儿学会走路了，丈夫却又生病去世了。这一回，您的泪水流干了，右眼再也没睁开过。从此，您总要带着一方手帕，时不时地擦拭右眼；从此，您一个人带着二女儿和小女儿顽强地劳作、生活……

后来，再多的苦都勾不出您的眼泪。您再也没哭过，大嗓门不是唱山歌，就是爽朗大笑；您再也不念叨往事，只招呼乡邻喝茶聊天……

母亲絮絮叨叨，泪流满面，我终于知道——我亲爱的外婆，您的一生何其不幸！我有些恍惚，像是在听别人的故事，因为在您身上，那些悲痛、凄苦的记忆，似无处可寻。

摸着您那根油亮的拐杖，抚着您布满皱纹的手，看着您有些混浊却努力张望的眼，听您重复念叨左邻右舍的家常，我内心有种从未有过的安宁。

后来，您静静地走了，在那个寒风呼啸的冬夜。母亲和姨妈痛哭着，诉说着，有说不尽的不甘，有数不尽的亏欠……而我，第一次哭得喘不过气来，您把世间美好织成花环，戴在我的双手上——我热爱山村，努力学习，向往每一个日出和黄昏。对您，我有太多不舍，也有一份沉甸甸的悲伤需要解锁——为您那段我不曾看见的人生！

其实我知道，您永远也不会走出我的记忆，不论时间如何变迁，不论山村如何变化，您带我走过的菜园路，您拄着拐杖唱山歌的身影，从来都那么鲜明。尤其，在我辗转难眠的夜晚，在我心酸流泪的当口，我便看见您在那条上坡路上迈着大步，唱起山歌……

## 诗苑抒怀

### 七绝·老飞鸽

贺建伟

童心未泯忆酣欢，七秩骑行仍少年。
家国情怀堪永驻，余生终老活神仙。

# 父亲的根雕

姜文玉

根雕是一门极富灵动感的雕刻艺术。我见过许多惟妙惟肖的根雕作品，像翩翩起舞的芭蕾少女，栩栩眉髯的慈祥老翁，盘根错节的水曲柳根花架，巧夺天工的香樟木墩茶几，都是大自然和人类智慧的共同结晶。不承想，年逾古稀的父亲竟然成功地完成了一尊"极品根雕"。

有一天我回家，发现面街的窗根底下，倚墙戳着一节五六十厘米高，带着不少根须子的老柳木墩子，从上头的横截面来看，树干的中心部位已经被"烧"空了，应该是从湖边刚刚刨出来，被人截去了树冠和树干的死木头根子。我正琢磨着是谁这么没有眼力见儿，把个烂树根子丢到人家的家门口，却见父亲手里拎着把大号木锯从外面回来了。

"怎么样？这东西不错吧！"父亲乐颠颠地说。我有些疑惑："您这是干吗呢？是不是也想追时髦做根艺，摆弄摆弄茶道什么的？"父亲嗤了嗤鼻子说："我哪有那闲工夫。"便自顾自地端详起那截老柳木墩子。大概是刚从什么地方买了把新锯，父亲满头大汗竟也顾不上擦拭，扳倒树墩，蹬上一只脚，拉起木锯就开始收拾那些参差不齐的根须子。父亲腰不好，我说："您别闪着，您还是先进屋歇口气儿喝点儿水吧，再说了，您瞅您那墩子面儿，黑咕隆咚一窟窿，拿什么堵啊？"我想阻止父亲。

"我要的就是这个'窟窿'！"父亲半似气恼半得意地吼了一声，急着找平那墩子底部与地面的接触平面，根本不再搭理我。"那您可得悠着点儿，再'崴'一个，我可管不过来！"母亲偏瘫失语10多年了，我真的很怕父亲哪天一不小心也栽歪喽。

从那以后，两三个月的时间，我每次回家都能看见父亲在起居室里围着他那截老柳木墩子忙活，顺利了，便美滋滋的；困难了，又急火火的，身后凿子、锤子、锉子、刨子之类的工具越添越多，那物件也就越来越有了些模样。母亲则坐在沙发上，一边有一搭没一搭地瞭着眼前的电视连续剧，一边笑眯眯地看着父亲"走火入魔"。开始我还埋怨父亲，说他的行为正好诠释了什么叫作没事找事、得不偿失，可当我弄明白了父亲的意图，便对父亲肃然起敬了。那是父亲唯一的根雕作品，为了它，父亲的手砸出了血，磨起了泡，腰酸背痛坐卧不宁，却在所不辞。然而，那并不是一件供人欣赏或者把玩的优雅摆设；也不是一件极富诗意又很浪漫的异形家具，而是父亲和母亲半个多世纪的情感彰显，是父亲捧给自己金婚老伴儿的一件爱的礼物。

我还记得20世纪80年代初，在父亲重新被调回机关工作的时候，已经年届五十的父母新婚宴尔般重新构筑美好家居的幸福情景。当时，组织上把"白楼"家属区里最好的房子分给了父亲，并且配备了全新的家具。父亲陪着母亲到商场里一样一样地挑选厨房里的锅碗瓢盆；看着母亲脚踩缝纫机一幅一幅地制作房间里的帘幔和铺衬，最后两个人竟像装扮自己的新房那样，为已经参军多年，并不经常回家的我铺设了一张崭新的双人床，挂上了粉红色的丝绸窗帘。

遗憾的是母亲病了。那一年，父母前后脚地离休，父亲原计划带着母亲游遍祖国的名山大川，可是，母亲却突然中风失语，并且右半身活动受限，不要说上台演出，即使日常起居没个人照应也很难完全自理了。

自从母亲病倒了，一向不知"购粮本""副食证"等为何物的父亲便揣起"钱柜"的钥匙，提上买菜的篮子，做起了真正的家庭"主夫"。十几年来，凡机关或者军休所里组织的各种旅游、参观等文化活动，只要母亲不方便参加的，父亲一个人绝不参加；而一旦母亲住院了，父亲势必每天都要前往照料，即使换乘公共汽车，即使冒着酷暑严寒，即使母亲身边有人看护，父亲也要"自己来"了才踏实。为了母亲，曾经那么喜欢读书、写作、旅游和摄影的父亲，放弃了自己所有的爱好，一心一意地给母亲做厨师当保姆，有时甚至连我都觉得父亲太过虔诚，实在没有必要那么苛待自己，父亲却心甘情愿。父亲经常用轮椅推着母亲散步，看着母亲兴致好，父亲还会一鼓作气地推着母亲逛街，光明楼的华联超市、花市大街的新世纪广场、龙潭湖边上的春节庙会和工人体育场里的日用品售卖集市，都曾留下父亲推着母亲的车辙和脚印。久病的母亲老态龙钟，路人常常误以为我父亲推着的是他的老母亲，由衷地赞叹父亲的"孝顺"和"福气"，而父亲脸上的笑容，不知掩盖了多少常人难以想象的辛酸。有一段时间母亲的情况非常不好，精神萎靡，反应迟钝，经常来不及走进卫生间或者解下裤带，就把秽物弄到裤子里。有一天半夜，母亲不想打扰父亲，自己东倒西歪地起来解手，结果把父亲买来放在床边的折叠式恭凳弄翻了，人摔到地上，让惊醒过来的父亲费了好大的劲儿才把她挪回床上；还有一次在医院里，请来的阿姨临时让母亲坐在一只塑料桶上小便，结果母亲一下子跌倒，被重重地蹾到地上。为了让母亲能够顺利地大小便，父亲真是伤透了脑筋。所以，当父亲发现了那截老柳木墩子和它中间的那个大黑窟窿，才那么乐颠颠的，因为它不仅令父亲受到启发，还让他省下不少工夫。

父亲从龙潭湖公园的园林队里把那截老柳木墩子扛回家，锯掉根须，剥掉树皮，再一点一点地把中间"烧"黑了的部分凿干净，磨光溜，然后刷上油漆，套进塑料水桶，配上合适的座圈儿，镶上用原木板材打磨出来的平顶盖子，做成了一只看似根艺木凳的床边马桶。母亲再次住院的时候，父亲便把他的"作品"抱进了病房，那么笨重的一个大家伙，父亲自己搬上搬下，执意不让开车的战士帮忙，汗津津的脸上倾透着一股背负责任的坚毅和诚挚。有一天母亲的同室病友，一位熟识的阿姨当着我父母的面向我夸赞父亲的为人和他们的情缘："他们俩可真好唉，难得你爸爸每天跑一趟，照顾得可真细！"父亲正在为母亲打开装着他早起现煎的、母亲最爱吃的朝鲜族风味煎豆腐的小饭盒，我看见爸爸被阿姨说得不好意思了，放下饭盒，少年般腼腆地拉起母亲的手说："其实我这是想着法儿还债呢，是不？"我也看见躺在病床上的妈妈红着脸，少女般羞怯地笑了。

在我父母住进军休所的新房子，母亲尚未完全瘫痪在床上的那段日子里，每当我回家看望完父母准备离开的时候，母亲总要在父亲的护佑下，一边口齿不清地叨念着"再见"，一边打开房门，看着我走进隔壁的电梯间，待我下楼走出单元门，父亲和母亲则早已在楼上那扇推开的窗口探首张望。仰望着自己的白发父母，挥手之间，我屡屡被他们一生一世脉脉相依的那份执着深深地感动，父亲的根雕也成为我心中关于爱情的一个永恒的记忆。

# 莫道桑榆晚　为霞尚满天

## ——老年大学开学啦

刘世通　王　越

2023年4月的一天上午，阳光明媚，春风拂面，北京市海淀区复兴路26号院老年大学教室里，歌声嘹亮，气氛热烈而温暖。今天是老年大学声乐班开课的日子，一大早，老同志们有的坐轮椅，有的是子女陪同，有的是老姐妹、老战友相互搀扶，缓缓走进教室。他们鹤发童颜，容光焕发，在老师的带领下，引吭高歌，抒发爱党爱国、热爱人民军队的情怀，展现了老军人老同志们在老年大学这个乐园里，老有所为、老有所学、老有所乐的精神风貌与不老情怀。

从2000年成立至今，老年大学已经历了23个春秋，在老将军陈本梃校长的带领下，在海淀区军队离退休干部第一休养所、西翠路军休所，以及街道办事处和社区居民委员会的多方支持下，从只开两门课，只有十几名学员，发展到如今共开设计算机、英语、手机使用教程、音乐、书法、绘画、诗词研讨、摄影等十余门课程，拥有近400名学员的庞大老年教育机构。老年大学本着自愿、免费、免试入学的原则，不设毕业门槛，学习起来没压力。

在老年大学，最受欢迎的课程是手机操作课，开班后，报名人数近百人。过去老同志用手机只会接打电话，在手机操作课上，老师教授学员如何使用手机支付、玩微信、视频聊天、看影视剧，以及如何拍美丽的照片，录制流畅的视频，学员们用自己拍摄的照片制作美篇欣赏，编辑抖音视频等，课上学的都是一些年轻人擅长的玩法。通过在老年大学的学习，老同志们掌握了新技能，把旅游、家庭聚会、唱歌跳舞的场景记录下来制作成短片，与战友、朋友、亲人们分享，兴致勃勃，乐此不疲。

值得注意的是，随着文化养生、文化养老教育事业的兴起，老年大学开设的诗词研讨班，从往常比较冷清的状态，一下新增了二三十名新学员。学校聘请古汉语文学基础知识扎实深厚的老学员王兴国担任授课老师。王老师认真备课，不负众望，用课件展示教学内容，讲解古诗词技巧、韵律、对仗与平仄，学员们听得津津有味，获益匪浅。课后王老师还别出心裁地留了"看图写诗"作业，用三幅内容各异的照片鼓励学员应景撰写诗词，风格不限，学员们的学习信心与兴趣倍增。课后，大家在微信群里对提交的作业进行热烈讨论并点评，互帮互学、教学相长的气氛感染着每一个学员，让人既陶冶了情操，又舒缓了身心。

还有一个值得一提的是书法班。书法班已经开班近二十年，一直是学员踊跃报名追逐的课程。主讲人潘光老师是北京师范大学书法艺术系高才生，中国书法家协会会员，丰台区书法协会副主席，是名不虚传的书法大家。难能可贵的是他的讲课风格。潘光老师在课上大量点评学员作业，逐一指出每幅作品的书法力度、结构、着墨、构图，精彩之处在哪，不足之处如何改进，潘光老师的课大家都爱听，课后争着写作业展示作品，等待老师的精彩点评。学员们说，能有这样一位书法大家给我们点拨开悟，能够体验这种因材施教的高效经典教学方法是自己莫大的荣幸。

在老年大学，老同志们结识新朋友，邂逅老朋友，这里也是他们拉家常、叙旧的开心乐土，是他们追求快乐与精神享受的乐园。在这里，弘扬主旋律，讴歌新时代，是不忘初心、牢记使命，是对中华传统文化和革命精神传承与发扬的完美展现。

在老年大学，老同志们有的学了几年，有的学了十几年。在家里子女没有时间与耐心教授的知识，这里的教职员工们以爱心和耐心指导并教会他们，有的老同志的作品还拿了国内外展览比赛的奖项。他们在这里丰富了退休生活，实现了人生价值的二次升华。老年大学发展至今，取得了优秀的成绩，一直默默地辛勤耕耘在这块园地的老校长与教职员工们功不可没。

# 助人为乐与受助亦乐

闫根旺

前不久，著名歌手李玟因抑郁症轻生去世的消息一度刷遍了各大网站，突如其来的消息除了带给人们惋惜，也让"抑郁症"这个近年来高频出现的词再度进入公众视角，李玟的去世也再次警示人们，一定要关注心理健康问题。

生活中的每一个人，都承担着各自的社会角色与责任，随着人们的情感、思维方式、知识结构、家庭生活、人际关系等多方面的变化，以及社会节奏的加快，心理问题越来越普遍和高发。少年儿童有少年儿童的心理问题，青年人有青年人的心理问题，中年人有中年人的心理问题，老年人有老年人的心理问题，残疾人当然也有残疾人的心理问题。残疾人的心理问题囊括各个年龄段且具有其特殊性，作为残疾人工作者理应对残疾人的心理健康问题加以重视与关注。

由于受身体缺陷的影响，残疾人常常表现出自卑和挫败的心理特征，这种自卑和挫败有时会以消极的心理状态呈现出来。记得有一次我和一位残疾人朋友谈起人生中最大的幸福和最大的痛苦是什么时，他回答："最大的幸福是能够给人以帮助，最大的痛苦则是受人帮助。"这位残疾人朋友的回答是从助人与受助的心理感受而谈的，不能说不对，其既有积极的一面，也有消极的因素，关键是个度的问题，这个度如果达到偏执的程度，就是心理健康问题了，这就需要寻求心理医生的帮助，让其认识到世上没有完美的人，无论你能力多强，无论你是残疾人还是健全人，都有需要别人帮助的时候，给别人以帮助是应该的，受助也应该坦然面对。不管是助人还是受助，其本身都是一种人人为我我为人人的体现，只要我们心存感恩，当你能给别人以帮助的时候而无条件地去帮助别人就足够了，正如人们所说的助人为乐、受助亦乐的道理一样。

因此我们要充分认识做好心理健康工作的重要意义，在社会、家庭、个人之间构建起良好的心理健康动态反应机制，增强前瞻意识，让工作更精准，更有温度。我们要加强对残疾人心理活动的研究，通过对残疾人的认知、情感、个性差异等心理现象的研究，找出其心理和行为活动的特点与规律，多开展保持身心健康、积极向上，助人与受助的活动，为社会减压增添正能量。我们要多学些残疾人心理学，当好残疾人情感上的贴心人。残疾人朋友也要继续发扬"四自"精神，努力克服自身的负面情绪，保持乐观豁达的心态，积极融入社会。

助人为乐，受助亦乐，助人与受助的辩证统一，只要处理得当，有一个健康的心态，自然会乐在其中。乐观是一种心态，心理健康则更是提升人生价值感和促进社会和谐的一种力量！

# 乐在身边

李志远

现代科学证明，心情愉悦可促进荷尔蒙产生，从而增强身体活力和免疫力，好处多多。但怎样才能心情愉悦呢？需要找乐。乐在哪呢？其实，乐在身边。

北宋诗人汪洙的古诗《喜》，称人生四大喜事为："久旱逢甘霖，他乡遇故知。洞房花烛夜，金榜题名时。"这四大喜事，不少人都有经历或正在经历，不说也罢。除此之外，身边还有诸多喜乐之事，俯拾即是。

我曾写《鼓捣杂文之三乐》一文，说的是：一篇杂文出手，对假、恶、丑们淤积于胸的愤懑，得以释放，感到痛快，一乐也；杂文发表了，得到社会认可，二乐也；收到稿酬，有点劳动所得，三乐也。其实，大多数诗文作者，也都有同感。想想，一篇诗文有三乐，那么，一年该有多少篇诗文、该有多少乐呀？

闲暇，想想手机微信上的段子，不能不乐。比如，一个段子说：有些人旅游，"上车睡觉，下车尿尿，然后拍照，说没白跑，问看了些啥，啥也不知道"。能不让人前仰后合，哈哈哈大笑吗？

"布谷、布谷……"清晨散步，听到树上布谷鸟有节奏的鸣叫，看到路边红色、黄色、白色的无名野花，又吸纳着新鲜宜人的空气，不禁大有心旷神怡之感。

傍晚，风清月明，坐在场院赏月、观星。忽然想起朱自清《荷塘月色》一文中的那句话："什么都可以想，什么都可以不想。"于是，体会到真正的自由自在，浑身轻松，焉能不乐？

书桌前，读《红楼梦》、《三国演义》、鲁迅的作品、《红与黑》，一页、一页……掩卷沉思，似乎天上人间，古今中外，草木虫鱼，七行八作，是非曲直，统统囊括，充实、满足。虽然没出笑声，但内心充满了难以名状的愉悦。

尽管不善唱歌，不懂乐器，却酷爱欣赏音乐，管弦乐、古典乐、西洋乐，等等，无所不听。常常是，听一乐曲，如同孔夫子闻韶，"三月不知肉味"，飘飘欲仙。

每年一度的"献爱心"，给灾区、困难群体捐款。几百、上千元，数量不多，却是量力而行，发自内心。因此，切切实实体会到了"给予"之乐，这和"赠人玫瑰，手留余香"是一个道理。

逢年过节，亲自下厨，为家人做顿大餐。上了桌，全家老小笑眯眯的。自己呢，心里也美滋滋的，因为，不仅"露了一手儿"，还有点"成就感"呢。

上了点儿年岁的人，爱回忆，尤爱回忆童趣。比如，上树掏雀、下河摸鱼、瓜田偷瓜等。记得，曾和小伙伴们，给瓜田主人设了"埋伏"，使他追赶我们时被绊倒，匍匐在地，我们抿嘴窃笑不止。童趣，似乎有延续性，何时想来，笑意都在。

每每外出回来，一进门，大人的笑脸，儿孙的搂抱，嘻嘻哈哈，热热闹闹。一时间，总有凯旋的感觉。这感觉，一过性的，稍纵即逝，及时捕捉，乐也随之而来。

和老人们聊天，常常令人捧腹的是"自嘲"。比如，有位老太说："总爱忘事，有一次，找东西，翻箱倒柜，哪也找不到。最后自问，我在找什么呢？忘了。哈哈哈哈……"听着，也会想到自己，不禁也来个"自嘲"，又是捧腹大笑。

总之是身边处处有乐，而能找到乐，关键得有乐观向上之心。大千世界，既五彩缤纷，又良莠杂陈，但良多莠少，总趋势是越来越好的。至于个人得失，想开点儿，知足就好。还有什么理由不乐观向上呢？

# 我当"北马"志愿者

董韶军

始于 1981 年的北京马拉松，简称"北马"，是国内久负盛名的马拉松赛事，因此也享有"国马"之誉。"北马"历经 40 余年的发展，以深厚的文化底蕴，逐步成长为具有一定国际影响力的体育赛事。

10 月 29 日早晨 7 点 30 分，2023 北京马拉松暨全国马拉松锦标赛（北京站）在天安门广场鸣枪开跑。

2023 年"北马"报名总人数超过 13 万，中签率为 23%。参赛选手包括 3 万名大众跑者、16 名特邀精英运动员和 200 名锦标赛选手。经过激烈角逐，尘封 16 年的国人男子赛会纪录被改写。总计 2402 人跑进三小时，创下国内赛事单场"破三"人数新纪录，同时见证了中国大众跑者马拉松水平的大幅提升。本届赛事共招募了 6000 名志愿者，我有幸成为其中的一员。

## 见证"北马"

记得 20 世纪 80 年代初期，我十几岁的时候，"北马"跑道的起点和终点都设在天安门广场，向西至古城折返。因为家住翠微路附近，我可以方便地到复兴路边观看比赛。那时只有专业运动员参赛，人数很少，印象中没有非洲选手参加，欧洲和日本选手的水平比较高。

进入 20 世纪 90 年代，中央电视台实况转播北京马拉松，宋世雄全程解说，我跟着酷爱体育节目的父亲一起收看电视转播，路线不经过翠微路，我就没有机会跑到马路上现场观看"北马"了。

时间如白驹过隙，我步入中年，为了保持体重和缓解压力，在 2015 年初春开始进行跑步训练，购置服装跑鞋，掌握正确方法。长跑"菜鸟"的我竟然在 1 个月后能跑 5 千米，3 个月后可以跑 10 千米，我的身体和心态都发生了显著变化。渐渐地，我发现身边的亲友和同学也喜欢上了长跑，基础好的经过系统训练很快就可以完成"半马"乃至"全马"，而我费了很大力气才能跑个"半马","全马"这项极限运动成为我够不着的天花板。但是参观"北马"博览会，陪同幸运中签的亲友与同学领取装备，接送他们参赛，在赛道边为他们加油助威，成为我和"北马"亲密接触的方式。2015年至2022年，除去因新冠疫情停办的两年，我是"北马"第35届到第40届的现场忠实观众，观摩加油的点位有5千米、14.5千米、21千米、30千米和终点。看到赛道上为选手们热心服务的志愿者我很是羡慕，很渴望自己也站在他们的队伍之中。

### 服务"北马"

2022年第40届"北马"开赛前一周，奥森跑团的好友告诉我"北马"的起点和终点需要80名备用志愿者，我赶紧报名。满心盼望着由备用升格为主用，直到赛前一天组织者通知我们被彻底备用了。

2023年夏初，机缘巧合，我在跑友的帮助下结识了志愿者团队的组织者，于5月担任了青龙湖山地"半马"的志愿者，在补给站为选手提供饮水食品和浸水海绵，站内还配有一位医疗救护志愿者，是北京医院的医护人员。补给站负责人天天非常专业，对首次做赛事志愿者的我进行了针对性培训，主旨是安全第一，听从指挥，热心服务。一个上午的工作让我收获颇多。服务结束后我和天天约定，"北马"招募志愿者的时候一定通知我。

中秋国庆双节来临，"北马"开启赛事报名通道。"十一"当天我喜接天天的好消息，赶紧填写个人信息，向登山协会志愿者服务队预报名。后经过"北马"组委会审核通过，我幸运入选，据说只有50%的报名者获得了志愿服务资格。我随团队被分配在7.5千米补给站，服务内容是为运动员提供饮水和浸水海绵。本站点共288名志愿者，分为48个小组。赛前由服务队队长建立微信群，发布各项通知并进行岗前培训。组委会拟制的"志愿者通识培训——沿途饮水/饮料补给站"课件成为培训大纲，内容涵盖赛事信息、志愿岗位的服务规范、岗位职责和健康安全提示、工作图、突发事件应急处理和医疗急救汇报机制。经过认真阅读和学习，我进一步明确了岗位规范和服务内容，做到心中有数。

"北马"当天，我4点30分起床，

简单吃了热乎的牛奶麦片，先生开车送我和一位同伴，5点40分到达军博地铁E2口集结处。这里已经会聚了很多志愿者，他们有的家住在远郊区，3点半不到就坐上班车，5点就来到了集结点位。在裁判员的指挥和指导下，各小组成员在组长带领下，有条不紊地领取物资，布设场地，摆放水杯和海绵。7点钟我们全部提前完成布置任务，得以空出时间拍照留念。"7点半比赛开始后不准使用手机，比赛结束前不准发朋友圈"是队长对我们提出的额外要求。7点50分，赛事开道车驶来，随后选手们很快进站取水、取海绵。因为刚刚跑出7.5千米，3万名选手的距离没有拉开，高水平选手一般也不会减速。

"路过"桌子，为了不妨碍到选手取物资同时不与他们的手发生碰撞，补充要快要准。当我发现鞋子被淋湿时，选手的队伍已经快到末尾了。目送收尾车驶过，我们忙碌的节奏才放慢，归整好剩余物资，收拾完垃圾，服务圆满结束。世纪坛前的一张大合影，留下了200多位志愿者灿烂的笑容。

## 乐在"北马"

从观摩主要由非洲选手组成的第一梯队呼啸而过，到为最后一名女跑者加油鼓劲，1个小时的时间转瞬即逝，3万名跑者怀揣热爱尽情奔跑，跑道边的我们不禁被涌动的人流激荡，被超越自我勇敢向前的力量深深感染。

这次担任"北马"志愿者，给我的退休生活增添了一抹亮丽的色彩。首先，亲身体验了"北马"赛事组织严密、安全性高、专业性强的鲜明特点，不愧"国马"称号；其次，亲眼见识了首都志愿者的精神风貌，不管从事何种工作，在志愿者的岗位上都听从指挥、纪律严明、分工合作、发挥所长、相互帮助，高标准、高质量完成任务；第三，结交了新朋友，志愿者来自各行各业，覆盖青年中年老年各个年龄段，都是热爱生活、乐于助人、充满正能量的人，和这样的群体一起工作，虽然劳累但超级开心快乐；第四，实现了我多年来服务"北马"的心愿。赛后我马上填报"志愿北京"，真正成了一名拥有"编号"的志愿者。未来我将努力发挥自己的兴趣和特长，积极投身相关体育赛事、助老护老、文博旅游和科普的多项志愿服务，让退休后的日子闪闪发光。

# 舞伴青春梦　晚霞更出彩

## ——记北京市海淀区女军休干部任湘珠

李南川

已经78岁的女军休干部任湘珠，从武警部队原文工团退休后，担任北京市海淀区远大军休所艺术团舞蹈队队长。青春焕发，挥汗如雨，魅力四射，晚霞似火，是这位舞蹈老兵靓丽的风采。

任湘珠14岁考入中国歌剧舞剧院当舞蹈演员，19岁时加入原武汉军区文工团。后因部队精简整编，她几经辗转，来到新组建的武警部队文工团。不管别人怎么想，她所追求的是："我一旦穿上军装，为兵演出一辈子，舞出军人的壮美和风采，就是我神圣的使命和职责。"她说到做到，用青春兑现了自己的承诺。她不仅舞跳得好，而且还会自编自导。退休后，她依然不忘初心，希望能余热生辉，用舞蹈来唤起青春岁月，点亮军休生活。当她看到一些舞蹈都在学来学去、抄来抄去，没了新鲜感不说，更重要的是这些舞蹈可能并不适合表现军人和军休生活时，便以一个退役军人的责任感，投入舞蹈创作之中。通过搜集素材，潜心研究，精雕细刻，连续四年创作了四支充满军旅特色的舞蹈。

2016年，她创作了集体舞《雪域踏歌》。舞蹈讲述西藏百万农奴在中国共产党的领导下翻身得到解放的故事。舞蹈用欢快的歌舞歌颂幸福生活，感谢共产党，感谢解放军，给人鼓舞，给人力量。这支舞蹈，不仅在社区表演过，还在大型活动中表演过，并上了杂志封面。

2017年，她创编了舞蹈《难忘的青春》。舞蹈表现的是一批老军人，从年轻到老年，几十年后再相见，感慨万千。回首往事，大家在一起训练、生活、学习、成长的画面清晰在目，彼此热血沸腾。带着这个舞蹈，她还去上海参加过全国大赛，获得大奖。

2018年，她根据女军人退休后生活发生的变化，创编了舞蹈《军姐嗨歌》。舞蹈的动作、音乐、情感、服装，她都用心设计编排。这支舞蹈在社区、在军休活动中先后演出，获得好评。

2019年6月6日，北京市海淀区退役军人事务局召开庆祝中国共产党诞辰98周年纪念大会准备会，要求远大军休所出两个伴舞。在时间短、队员新和其他排练任务重的情况下，她和副队长薛秀琴一起带领舞蹈队知难而进，圆满完成了演出任务，向党的生日献上了一份老兵的厚礼。

在庆祝中华人民共和国成立70周年之际，她满怀对伟大祖国的热爱，创作了舞蹈《我的祖国》。表现了在抗美援朝战场上，在著名的上甘岭争夺战中，志愿军战士在坑道中克服重重困难，团结友爱、不怕牺牲的革命英雄主义精神，表达军休老兵对党、祖国和人民军队的热爱。因受新冠疫情影响，直到2023年5月这支舞蹈才正式登台亮相。在海淀区中老年项目展演中，她的舞蹈队在28支参演队伍中脱颖而出，斩获大奖。

2023年5月，任湘珠和队员们应邀代表海淀军休参加海淀区中老年优秀健身项目交流展示活动。基于原创有加分的参赛规则，她决定拿出自己的原创舞蹈《我的祖国》参赛。在短短20天时间里，她组织队员们一周三练，同时兼顾正在参加的海淀军休"退役不褪色 讴歌新时代"歌咏展示排练工作。而让她始料不及的是，在这个关键时刻，自己又"复阳"了。但她以军人顽强的作风，克服了低烧加上吃饭和睡眠不好带来的不利影响，排练、演出一气呵成，并力拔头筹，拿回了大奖。

## 诗苑抒怀

### 小清河变迁

张士平

清晨漫步小清河，缕缕秋风迎朝阳。
清澈河水平如镜，青青岸柳树成行。
触景生情忆往昔，沧桑巨变清河靓。
昔日排污泄洪水，污水横流烂河床。
今日一道风景线，清河滨水变绿廊。
秀丽风光天放彩，清新景致地增光。

# 瓦埠湖的油菜花

傅振中

在"草长莺飞二月天，拂堤杨柳醉春烟"的美好季节，我想起了当年在安徽工作时，曾去过的安徽省瓦埠湖畔的千年古镇瓦埠镇，这里是孔夫子的弟子宓（fú）子贱开馆授业的地方。到此可饱览君子故里古风，观千年明珠华容，赏碧水中黄灿灿的油菜花。

走在瓦埠湖畔的田埂上，我惊呆了：满眼黄灿灿的油菜花咋就这么鲜艳，这么漂亮，这么壮观，这么有诗情画意？

瓦埠湖是淮河流域最大的湖泊，是安徽省五大淡水湖之一。此湖由东淝河下游河段积水而成，自然资源丰富，生态环境优越，是重要的饮用水源地。这里盛产鱼类、蟹、虾，尤以银鱼著称。

美丽中国，种油菜的地方很多，赏油菜花美景的地方当然也多。包括我们部队的综合战术演习场所在地，每年三四月间都盛开着油菜花，真有"战地黄花分外香"的意境。云南省曲靖市罗平县、江西省上饶市婺源县、贵州省安顺市、青海省海北藏族自治州门源回族自治县被称为中国四大油菜花海，是公认的看油菜花的胜地。这些地方的油菜花虽然也浩浩荡荡、艳丽迷人，令人眼前一亮，心旌摇曳，叹为观止，但它们都不是开在水上，不是绽放于蓝天碧水之间的一个个垛田上面的。而水乡瓦埠湖畔的油菜花还真别致好看，一朵朵一团团一簇簇，黄灿灿亮闪闪光鲜鲜。

哎呀，实在不知该如何描绘！碧波无垠的瓦埠湖和金色海洋的油菜花相映相衬，其实用什么样的词语描绘都显得苍白，怎么抒情都显得造作。我们只有保持沉默，只抱一份感恩自然的心情，睁大眼睛美美地观赏就是了。

镇领导得知我们的到来，十分热情，还要陪着我们行舟在轻波之上，穿梭在一个个小小岛屿之间。那荡舟的船姑头裹红巾、身穿蓝印花布衣衫，窈窕的身姿与双桨划出的波纹同样美妙。

岛上田野盛开的油菜花，倒映在一河清波里，更显出水的清秀与花的娇艳。其间盛开的那一簇簇桃花，那一树树梨花，便是最好的点缀了。原本以为油菜花不过是最质朴平凡的花了，可是当我们带着悠闲的心情欣赏水乡的油菜花时，才知道，不久前经历过风刀霜剑的一棵棵油菜，此时开起花来是多么艳丽、多么热闹、多么富足。当然这富足是精神层面的，可以滋养人的灵魂，洗涤精神的郁结。要不，它怎能吸引那么多的游客前来观赏并流连忘返？

油菜花其实就是最美的村姑，是水乡的精灵。瓦埠镇家家户户都种油菜，无论房前屋后，还是大块的田地，

无边的田野。花盛时节，整个村庄都漂浮在油菜花的海洋里。密密麻麻的油菜花挤挤挨挨，打着闹着推着笑着；金黄中似添了层清油，在阳光中能反射出光泽。一阵阵清风送来时淡时浓的花香，让人怎么闻也闻不够，简直要陶醉了。远远看去，那油菜花像是用画笔一道道随意涂抹的，也不讲究什么风格流派，抽象也好，泼墨也好，写意也好，就是漂亮，就是大气。此时花海中若行走着三三两两的水乡妹子，红衣也好，绿袄也行，越是乡土越是美，越是自然越漂亮……

若将油菜花比作水乡的女儿，阳春三月该是女儿的蜜月了，这流光溢彩、香气醉人的蜜月啊，真是让人忍不住要挡住她的步伐，留住她的芬芳。

**摄影天地**

张玲摄影作品

# 虎鼬：战斗力超强的"草原卫士"

王新同

2023年5月，新疆精河县一位农民在野外意外发现一只长相奇怪的"猛兽"，它戴着黑眼罩、长着熊猫耳，身披虎皮大衣，看上去又凶又萌。他马上报了警，没想到，专家赶到后惊讶地发现，这竟然是一只罕见的虎鼬，其稀有度堪比大熊猫！虎鼬到底是一种什么样的神秘动物？

**荒漠中的迷你"猛兽"**

按照《山海经》中的记载，有一种兽叫作"马腹"，"其状如人面虎身"。虽然这种记载可能只是当时人的想象，但是可以猜测当时在中原腹地很少见到虎鼬，只是在塞外流传着关于它的传说。

真实的虎鼬又叫花地狗、马艾虎，属于鼬科家族，是一种机警凶猛的动物。它们属于典型的荒漠动物，主要生活在亚洲中、西部的荒漠草原上。

虎鼬身形纤长，毛色黄白带斑，腹部呈黑褐色。虎鼬成年后体长只有40厘米，体重不到3斤，长相呆萌。

虎鼬因数量过于稀少，一般很少出现在人们的视野中，所以很多人都对其非常陌生。

虎鼬的长相有点像小狗，只是它身披虎皮般的花纹，非常活泼可爱。然而，与其可爱的外表形成鲜明对比的是，作为"平头哥"蜜獾的"表亲"，虎鼬同样有着凶猛的天性。

虎鼬虽然个头不大，但杀伤力极强，攻击手段也很丰富，是同体形动物中的绝对王者。它的咬合力非常强大，牙齿也很锋利，尤其是它的犬齿，一口就能咬碎猎物的脑袋，单凭这一项技能，就足以让它们名震江湖了。

此外，虎鼬的爪子也很锐利，指甲又长又硬，不仅可以撕开猎物的皮肤，还十分擅长挖掘，就算在荒漠中也能挖出一个巨大的深坑，堪称"神器"。

虎鼬发动攻击时，两脚直立，抓住野兔等猎物的前肢，最后一口一口将其吞食。尤其吃草原鼠时，简直就

虎鼬能两只脚直立

像吃辣条一样。所以，它们堪称荒漠中的迷你版"猛兽"。

但是在自然界中，每种动物都有自己的天敌，虎鼬也不例外，它们最大的克星就是大型猛禽。此外，群居动物荒漠狼也是虎鼬的天敌。

虎鼬平时会时刻保持警惕，防止天敌的突然袭击。当面临危险时，虎鼬会快速钻进附近野兔和鼠类等小动物的洞穴避难，这就让天敌们束手无策。

如果来不及躲避的话，虎鼬会掉转身体的方向，将脊背高高隆起，尾巴向前竖起，全身的毛竖立起来，让整个身体的轮廓突然变大，然后发出类似于猛兽的咆哮声，显出凶残的模样，再主动袭击或以此吓跑对方。

如果敌人没有被吓退，虎鼬也不怕。这时它们会拿出自己的独门绝技，用"生化武器"来自保，那就是对准敌人的脸释放出一种非常难闻的气味，这种气味能够让接近它的掠食者顿感头晕、难受。轻则会令掠食者呕吐、窒息，重则直接晕厥，后果十分严重。人如果闻到这类强烈气味，容易产生不良反应，比如发烧、腹泻等。虎鼬会利用敌人难受的这段时间，快速脱身逃离。

## 草原鼠的"无声杀手"

虎鼬是夜行性动物，它们通常在夜间活动，白天则躲在树洞或石缝中休息。虎鼬主要以小型哺乳动物为食，例如野兔、鼠类、鸟类和蜥蜴等。有趣的是，虎鼬是喜欢孤独的独居动物，很少与同类和平共处，它们的生活习性，的确使它们显得有些神秘。

机警凶猛的虎鼬，视力却很差，好在它们的嗅觉非常灵敏，才弥补了这个致命的缺陷。原来，虎鼬继承了鼬科家族优秀的感官系统。动物学家研究发现，在顺风条件下，它们可以闻到数百米外老鼠的味道。

虎鼬的听力也很发达，它们的耳朵还可以随着声源一起转动，因此它们的追踪能力极强，只要确定了猎物的方向，就可以一直跟踪下去，直到将其击杀为止。

除了在地面上活动寻找猎物，虎鼬还会爬树掏鸟窝。它们主要挖洞穴居，其他动物的洞穴也会被它们当作栖身之所，比如大型松鼠或大沙鼠的洞穴，就常被虎鼬用于休息、繁殖。

作为鼬科动物，虎鼬身体灵活、反应迅速，腿部肌肉发达，十分擅长短距离冲刺，一旦发现猎物就会以迅雷不及掩耳之势扑上去。最关键的是，虎鼬还擅长偷袭，它们的脚底十分厚实，移动的时候悄无声息，完全可以在猎物没反应过来前，直接咬中其要害，行动能力极为惊人。

在荒漠和草原上，虎鼬主要的猎杀对象是鼠类。因为身体细长均匀，它们可以相对轻易地钻入鼠洞捕杀猎物。如果鼠洞太小钻不进去，它们会采取"掘洞捕食"的方法：用前腿挖出泥土，同时用下巴和后腿固定，用牙齿拽出树根、草根等障碍物。

最可怕的是，虎鼬还会用放屁的方式进行捕猎，它们会把分泌物释放到老鼠的巢穴中，将老鼠从洞里熏出来，据说这种捕食方式效率极高。

另外，虎鼬还是一个伪装大师，它们的皮毛和荒漠天然契合，"隐身"能力极强，普通动物根本无法分辨，这极大地提高了虎鼬的捕食效率。

虎鼬一年四季都会循着鼠迹出入鼠洞，把全窝老鼠一网打尽。虎鼬能一天端掉十几窝沙鼠，因而比锦蛇和鸮的灭鼠能力更强、效率更高，它们被誉为"老鼠猎手"。可以说只要虎鼬出手，方圆上千米的范围内都不会再有鼠患。没有鼠类啃食根茎，不论是野生植物、牧草还是农作物都能茁壮成长。

阴雨天和下雪天，虎鼬较少出洞。平时它们多单独行动，如果是成对外出，一般也是分散在附近活动。

平头哥的"小弟"，身穿"虎皮裙"，一晚干掉几十窝老鼠

它们能两只脚直立或坐地吃东西。

和其他鼬科动物不同，虎鼬因为气候原因，到了冬季就会选择冬眠。入冬前，虎鼬一般会在夜间频繁捕捉沙鼠、跳鼠和黄鼠，将其存在洞内，以备过冬。为了抵抗寒冬，虎鼬在冬眠前必须大量进食。

总的来说，虎鼬是荒漠和草原地区的"灭鼠卫士"，为生态系统的平衡和稳定作出了重要贡献。

### 面临灭绝的危险

虎鼬的繁殖能力很强，每胎可以产下4～8个幼崽，按说它们的数量应该很多。但情况恰恰相反，如今虎鼬的数量非常少。早在2008年，世界自然保护联盟就将其列为"易危"物种。在《中国生物多样性保护红色名录·脊椎动物卷》中，虎鼬被纳入"濒危"物种。

科学家经过调查研究发现，虎鼬的幼崽存活率非常低，因为雄性虎鼬一旦完成交配就会直接离开，只留下雌性虎鼬独自喂养幼崽。最关键的是，雌性虎鼬养育孩子的能力并不强。而且幼崽出生2个月后就会被妈妈赶走，让它们在野外独自生活，导致小虎鼬纷纷夭折，所以虎鼬的数量才会如此稀少。

此外，人类的活动也导致虎鼬越来越少，虽然它们生活在荒漠和草原地区，但这些地方其实都靠近人类的聚居地，因此经常遭到破坏。比如人为的猎杀，还有人们为了控制鼠患，在荒漠草原上广泛使用灭鼠剂，这不仅会误伤虎鼬，还会大量减少它们的食物资源，这导致虎鼬的种群数量不断下降。

此外，全球气候变化也对虎鼬的生存产生了影响，让虎鼬的种群恢复几乎成为不可能的任务。这种独特的小动物即将从地球上消失，这对于人类来说无疑是一大损失。如果它们真的灭绝了，荒漠和草原地区将面临更严重的鼠患，生态系统也将陷入恶性循环。

为了保护虎鼬，我们应该采取行动，保护它们的栖息地，遏制人类的猎杀行为，加强宣传和教育，提高公众的环保意识。只有这样，才能保护好这种珍贵的野生动物资源，让它们在未来的日子里得以生存和繁衍。

# 小金豆

彭春禄

这小金豆可不是黄金打造的豆子，不过比金豆子要贵重得多，他是我们家最稀罕的宝贝——我大侄女的孩子，鄙人的侄外孙，两岁不到的毛孩儿。

小金豆年龄虽小，却精怪得很。怎么个精怪法，我略说一二你便知晓。

大年三十中午，我们全家人都在我家里团年，小金豆当然也来了。他一进门，我便热情地迎上去："小金豆，姑奶奶抱抱，叫姑奶奶。"小金豆看着我，不伸手，也不叫，我小侄女说："你的声音太大了，他不喜欢。他喜欢声音小小的，温温柔柔的。"哦豁，这么小一点人，还这么讲究？让姑奶奶我好生汗颜。

屋里的人都"小金豆，小金豆"地叫，小金豆毫不理会，眼睛在屋里到处瞅，寻找他感兴趣的东西。无论什么，只要到了他手里，基本上就不会有好下场。如果不及时制止，用满地狼藉来形容是不为过的。我在地

上捡起小金豆丢掉的学生尺，想逗逗他："小金豆，来，姑奶奶给你打两下手板。"说完，我就笑嘻嘻地拿起他的小手，在他手心里轻轻地拍了两下。在拍的时候，小金豆眼睛瞅着我，不哭也不笑，我以为他无所谓，拍完后我就走开了。结果我刚走开，他就哭着使劲拍桌子。只听到大侄女说："你看喽，你刚刚打了他手板，他发火了，他可是很记仇的，等下都不会理你了。"真是让他姑奶奶我尴尬呀。

大年初五晚上，哥哥要我们回娘家吃饭。天黑下来的时候，小金豆站在大门口看着天上说："月亮回家了，星星也回家了。"确实，不一会儿，天就下起了雨。

小金豆很喜欢吃蔬菜。吃饭的时候，小金豆坐在婴儿凳上，我姐夫给他夹了好几根红菜薹，小金豆左手拿一根，右手拿一根，婴儿凳子的储物洞里也被他自己放了几根，我看到后说："小金豆发了财哩。"他看着我笑，

立马塞了一根到嘴里，伸着手说："还要发财，还要发财。"

吃过晚饭，大家坐在烤火桌旁，吃零食的吃零食，聊天的聊天，小侄女在玩手机，小金豆站在他阿姨旁边，很绅士地、轻声细语地说了三句什么话，她阿姨一心在手机上，没注意到小金豆在说话，小金豆说完后，见他阿姨没理会他，马上就发略铳哩（生气了），眼泪吧嗒吧嗒地往下流，往大门处走，经过一条凳子旁边，一手就把凳子推倒，小金豆的舅舅马上把凳子扶起来，小金豆不让，还要继续推，因为力气没有舅舅大，没办法，只好又继续向门外走去；舅舅立刻跟上去，要抱他，小金豆一把推开舅舅，奈何推不动，被舅舅抱起来了。在舅舅怀里的小金豆看屋里没人理他了，悄悄地跟舅舅说："舅舅去看鸡。"舅舅不知道鸡在哪里，没有动，小金豆又自己说："乌漆墨黑的。"舅舅忍不住地笑出了声。

你看，这精怪的毛孩子，两岁不到就一身的本事了。我有时候都会佩服地称呼他一声"金豆哥"或者"豆子哥"。

## 摄影天地

《远方的诗——阿勒泰》 娄定凤摄影作品

# 夏天来了，远离空调病

科学家曾经对伯明翰和曼彻斯特两个城市使用空调的居民和不使用空调的居民进行了长期的跟踪调查，发现使用空调的居民比不使用空调的居民疾病的发病率高出5%，特别是鼻炎的发病率更高。这说明空调进入家庭后使人们享受到凉爽与舒适的同时，也影响了人们的健康。

为什么空调会影响人们的健康呢？空调设备提供的是再循环空气，经过除尘，空气虽然干净，但并不新鲜，缺少人体必不可少的负氧离子。根据世界卫生组织划定的标准，清新空气的负氧离子含量为每立方厘米空气中不低于1000～1500个。相关数据显示，城市房间里的负氧离子浓度是每立方厘米100个，安装空调装置后负氧离子浓度甚至更低，低到每立方厘米40～50个。负氧离子的减少会使人体血浆中硒的浓度上升，从而诱发头痛、失眠、易怒和精神紧张等症状。此外，由于空调房普遍是封闭式的，室内污染（如细菌、微量放射线等）也日趋严重，除了引发呼吸道疾病，还易造成四肢酸痛、全身发冷、结膜炎、腹痛、口歪眼斜和女性植物性神经功能紊乱等，这也就是人们常说的"空调病"。

面对"空调病"我们是不是束手无策？其实，只要使用得当，就可轻松、健康地享受空调带来的好处，下面就为你们介绍夏季使用空调的几个注意事项。

（1）规律有效地使用空调消毒剂，防止有害微生物滋生。

（2）合理增添室内加湿器，增加空气相对湿度，防止细菌扩散。

（3）剧烈运动或户外归来一身大汗时，切勿立即进入空调房间，以免张开的毛孔遇冷收缩，受凉致病。

（4）不宜长时间待在空调房内，要多做运动，多喝开水，让毛孔通畅，加快身体新陈代谢。

（5）合理设置空调温度，空调房和室外自然温差不要超过5℃。

（6）空调房密闭1～2个小时后，要开窗通风换气，保持室内空气清新流动。

# 不妨为手机软件"减减肥"

雨林霖

近日，某社交软件新安装包突破700MB的新闻引起了网友们的广泛讨论。据了解，该款社交软件的体积变大与其基础功能关联不大，而是因为软件中的某项附带功能进行了更新。有网友对这项功能的更新表示新奇，但也有网友对此表示质疑：附加功能这么多，都用得着吗？可以删除不必要的功能吗？

随着智能移动设备的普及，手机软件也迎来了蓬勃发展，手机软件相对于电脑端软件来说，使用更加方便，也收获了更多的用户。如今，各种手机软件在人们的生活中发挥了重要作用。

不过，随着技术设备的升级，手机软件也随之一起"升级"了。比如，社交软件不仅可以聊天打电话，还可以上传视频或者在线打游戏。有的支付软件居然开发了社交功能，甚至于办公软件中开始出现购物和直播功能……这些情景，人们在日常生活中大概都不陌生。

手机软件的功能多，毋庸置疑能够在一定程度上为人们的生活带来便利。然而，随之而来的问题是，一些移动软件的功能越来越多，也变得越来越臃肿，许多原本功能已经很完备的软件，还在不断地测试添加新的功能。页面和功能变得繁杂，占用内存越来越多，当中还植入了形形色色的广告。很多软件启动还需要等待很长时间，导致用户手机运行速度变慢甚至卡顿。

手机软件的臃肿化，有着用户需求因素的推动。比如，用户期望一款软件能一站式满足多项需求或者业务。比如网购，从浏览、砍价到下单支付，需要在一款移动软件上完成，这样便不需要再切换平台操作。然而，排除客户需求因素，软件臃肿化的更直接原因，是软件开发商希望自己开发的软件能够面面俱到，以期抢占更多的市场份额，于是将软件功能不断外延。

然而，这些软件新增的功能，却

让不少用户有些头疼。比如，手机上软件太多，用户根本没办法一一了解和熟悉，因此，很多五花八门的新鲜功能对人们来说，也就成了"鸡肋"，徒占手机内存。何况，一个专业软件却跨界"身兼数职"，看着也多少有些不伦不类。

此外，老年人在使用功能强大的软件时，面对复杂的操作，往往无从下手。其实，何止是老年人，即便是年轻人，面对功能繁杂的软件也显得很头大。其实，并不是会不会使用软件的问题，而是要在众多功能按键中找到自己需要的功能，实在不易。手机软件，原本是为了方便生活，可如今，软件功能的增多反而给生活带来了困扰。目前，不少的软件都开发了极简版，这不失为解决软件臃肿问题的一个方式。但不可否认的是，大部分软件目前并没有开发极简版本，甚至很多软件依然在不断测试新功能。

技术是为人服务的，希望软件开发者能为软件"减减肥"：多考虑用户的感受和体验，避免为了过度追求功能的多样化而让软件臃肿化。只有让软件回归本源，使软件更加专注于某一功能，才能真正便利大众生活。

## 纸剪情深

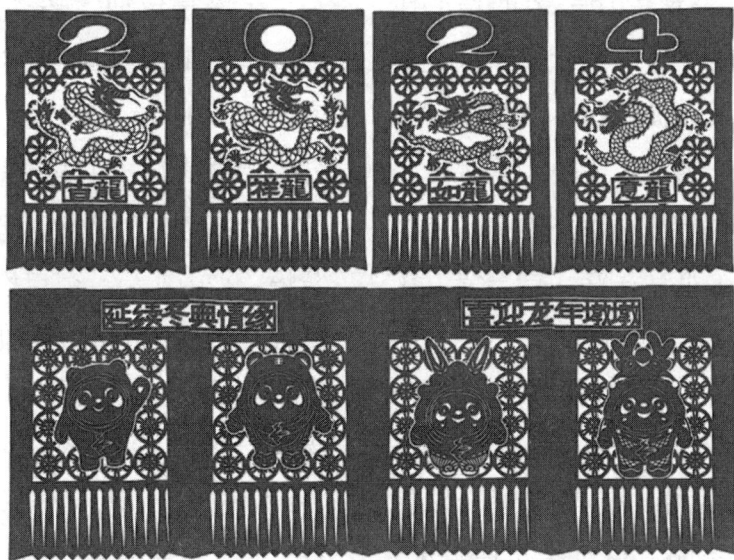

孙学铭剪纸作品

# 宋代状元宰相吴潜（上）

吴培武

空山静谧，群鸟低飞，百草花开，峰峦披绿，南雁回归，春燕呢喃。时值癸卯清明之际，泉州吴氏大宗祠、石狮吴文化研究会、泰伯庙管委会、南安水石莲片联谊会、仑苍三乡吴氏、翔安霞浯十金宝、龙湖东吴村、龙湖西吴村、倒石埔村、清溪浦边大坑园、荆山留厝房吴氏宗亲、西坑村"两委"及乡亲、磁灶驻青阳同乡会、磁灶泰伯书院、安海梧埭宗亲、吴潜文化研究会近200人，在吴老先生绵谱宗长带众宗亲的精心组织、辛苦操办下，率领众宗亲前往位于南安市东田镇湖尾山，参加宋状元一代名相——吴潜公祭陵大型活动。

在南宋有一位宰相，论执政能力不下赵普、寇准、吕端、司马光、王安石，论节操气度不亚于文天祥。他运筹帷幄，使朝廷和顺，天下乐业。在地方上，他忠于职守，勤奋好学，体恤百姓，安邦定国，抵御倭寇，保卫家园，只可惜生逢衰朝，奸佞当道。

吴潜（1195—1262），字毅夫，号履斋居士，宣州宁国（今属安徽）人。南宋宁宗嘉定十年（1217）举进士第一，授承事郎，迁江东安抚留守。理宗淳祐十一年（1251）为参知政事，拜右丞相兼枢密使，封崇国公。次年罢相，开庆元年（1259）元兵南侵攻鄂州，他被任为左丞相，封庆国公，后改许国公。被贾似道等人排挤，罢相，谪建昌军，徙潮州、循州。

吴潜是位博学多才的政治人物，在文学上有相当高的成就。吴潜也是南宋词坛的重要词人，词风激昂凄劲，题材广泛，主要是抒发济时忧国的抱负，也常吐露个人理想受压抑的悲愤。"报国无门空自怨，济时有策从谁吐"的抗敌抱负是他壮志未酬的自我写照，有"万里西风，吹我上、滕王高阁"的气势与深沉感慨，感"岁月无多人易老，乾坤虽大愁难着"。他有志难伸，深忧社稷颠危、国难深重。对往事的回忆和时事无限慨叹，"向黄昏、断送客魂消，城头角"。其哀思绵绵，诗情风气，刚柔相济，益显其沉痛悲郁。

吴潜向来十分爱惜人才，注重对官员的任用。在选拔人才方面，首先，重视人才的平时储备。在重要地区预蓄人才，以备患事"无仓促乏才之叹，亦无缓慢不及事之忧"。其次，注重对人才的广泛搜取，不限地域，至公四达。不拘荆、淮、湖、广，不止闽、浙、江左，使一方各有所进之士。最后，主张任人唯贤。人才是各行各业的，国家设官分职，以待贤能。

吴潜非常看重"孝悌"。并且还身体力行，乐善好施，全力开展慈善事业，广泛宣传孝悌之道。"尧舜之道，光于万世，其要非他，孝悌而已……孝悌积而三纲五常立，三纲五常立而天下定矣……孝悌之至，通于神明。臣以为慰天人之心，延国家之祚，消夷狄盗贼诸变，其机端在于此。"

吴潜是南宋著名军事家、战略家，南宋时，任沿江制置的吴潜就已成为中华民族最早抗击倭寇的英雄。当时，面对南宋后期倭寇猖獗的形势，吴潜首次提出"义船法"，统一处理民船编制单位，方便沿江制置使调度，以更好地应对倭寇，并将民船与百姓的收入来源直接挂钩，兼顾民生，一举两得。他命令宁波、温州、台州三州所属的每个县，都推选出本地有财力的人，来主持摊派船只。按乡都的宽广与否决定征发船只的多少，"如果一个县每年调三艘船，而登记的船主有五六十家，就由这五六十家共同置办六条船来，均钱备船。交出其中三艘供征调，余下三艘为百姓赚钱谋利；其他没有任务的船，就让船主们维修保养，以供来年征调"。凡是用于征调的船只都烙上统一的标记，按时调用。被抽调的船只停靠在江边，不定期地轮番下海巡逻警卫。于是，"有船者没有逃避的理由，无船者没有被强制征调的顾虑，杜绝贪官污吏利用模糊政策贪污克扣的隐患，消除沿海居民倾家荡产的担忧，人心安定，天险稳固，海边之人莫不欣然听从"。船主们为了保护乡里，争着拿出自家的大船来听凭调遣，并择日在三江口集合兵船、民船一起检阅，整个海域因此平安无事。同时，吴潜设定水军的"海上十二铺"，构成一个海上长城，对来自倭、高丽的威胁起到了有效的震慑作用。

特别是在抗蒙方面，吴潜根据蒙宋双方军事形势，在军事上提出精确的意见。"窃见金人既灭，我遂与彼为邻。法当以和为形，以守为实，以战为应。"这是他对外军事政策的纲领和策略。

在经济管理方面，吴潜多次总领地方财赋，统管一方经济，对国家的财政形势和经济措施颇有见地。尤其是整顿楮币（纸币）方面，其建议策略行之有效，多次得到理宗的赞赏，以致淳祐末年被提为右相"专任救楮之责"。理宗亲政当年，下诏求直言，任太府卿总领淮西财赋的吴潜就率先提出改革楮币的建议。当时他就已经意识到纸币贬值、物价上涨对国家的危害，提出了纸币是国家命脉的观点。

吴潜还是著名的水利专家，主持设立了中国最早的水文观测站即水测亭，解决了提前开闸浪费水资源、延缓泄洪又可能造成水灾的问题。吴潜根据城外、城内河流沟通和水面应在同一平面的事实，颁布了"平水"测量法。他建立了全城统一的"水测"（水位标准）标识——建立"水测亭"。亭中立水测碑，碑上镌刻"平"字水位警戒线，作为开闸放水的标准线，然后推算了关闸闭水的标准线，并标示正常水位；颁布政令，规定城外所有碶闸均以"平"字的淹没，作为开闭闸的标准，水没"平"时，起闸泄水。从此地方长官可以方便地测算出各处水情，一看警戒线，就可下令开合水闸。这是中国水利科技史上的重要发明，领先于世界许多年。

历史上考验职场忠奸的方法总是非常严苛的，忠臣总是要受尽折磨，这仿佛是历史必然的铁律。（未完待续）

## 诗苑抒怀

### 七律·甲辰元夕有怀

高凤霞

火树银花闪碧霄，笙歌鼓乐彩旗飘。
千杯绿酒邀明月，万盏红灯映画桥。
狮舞神州春意满，龙腾大地岁华娇。
嘉年盛世修新志，勠力耕耘国富饶。

# 做永远忠诚于党和人民的战士
## ——耿效伟同志访谈

胡寅松

"我是革命一块砖，哪里需要往哪搬。"其含义就是个人服从组织的安排和建设的需要，在各行各业各个工作岗位上努力发挥作用，为社会主义事业作出贡献。在轻工部广大离退休老干部中，也有许多在不同岗位上历练和工作过的老同志，他们的人生经历十分丰富，有很多值得后人借鉴学习的地方。本次访谈的耿效伟老同志就是这样一位忠诚于党和人民事业的"革命一块砖"。

## 一、红色家庭埋下理想种子

1951年1月，耿效伟出生在河南省郑州市一个干部家庭。他出生那年，正是抗美援朝战争的第一阶段，一场声势浩大的全国人民抗美援朝运动正在如火如荼地进行。而耿效伟的父亲耿一凡当时在郑州铁路局担任局长，也投身紧张的支援志愿军前线工作当中，因此对家庭的照顾就少了。耿效伟回忆起父亲时说道："小时候父亲总是很忙的，有时好几天看不到他。"耿效伟是这样理解父亲当时"不顾家"的，"那时候新中国刚刚成立，百废待兴，毛主席、周总理等一代伟人都夙兴夜寐，鞠躬尽瘁，朝鲜战场上还有志愿军们在拼死搏杀，我们普通人还有什么理由懈怠偷懒？这时候

耿一凡同志（1913—1999）

顾好了大家，建设好了国家，小家才能有希望，才能有好日子。"

回忆起父亲，"他是一个很耿直的知识分子，一辈子都在努力做好自己的工作。"耿效伟如是说，"我们家祖籍山东，我父亲耿一凡1937年从北京铁道学院（现在的北京交通大学）毕业之后，服从山东八纵队的安排，前往延安抗大参与教学工作。按照离退休干部管理档案上的记载，我父亲是1937年参加革命工作的，但是我父亲一直坚持说自己是1939年才参加革命工作。用他自己的话来说，之前他都是作为一个知识分子在为革命出力，而1939年他正式成为一名光荣的中国共产党党员，才真正成为一个无产阶级革命战士。"耿效伟回忆道，"我父亲他们那一代人对党对马克思主义真的是怀着不掺任何杂质的忠诚和信任。"

1954年，随着父亲耿一凡从郑州铁路局调入国务院六办，耿效伟也来到了北京。到了北京，耿一凡的工作更加忙碌，陪伴耿效伟的时光并不多。"但父亲也还是会抽空和我谈心……他很少跟我讲大理论大道理，而是用自己的经历故事和身边生活中的事物教育我要勤俭节约、艰苦

朴素、正直善良。"耿效伟说，因为父亲曾在四野工作过的缘故，自己从很小的时候就埋下了军旅梦的种子，"那时候的孩子都崇拜红军，崇拜解放军，崇拜志愿军，我也喜欢父亲给我讲革命战争的故事，那时候我就想，等我长大了，我也要穿上绿色的军装，去人民需要我的地方保卫祖国。"

## 二、投身军旅磨炼信仰意志

1970年，耿效伟如愿成了一名光荣的人民解放军战士。"我是10月入伍的，被分配到69军炮兵某部，驻扎在山西大同。新兵下连后，我被分配到炮兵指挥连侦察排计算班，成为一名炮兵计算兵。"

耿效伟回忆起那段军旅生涯，感慨颇多。当时耿效伟所在部队驻扎在山西大同，大同的冬天是非常冷的，刮起的大风卷起的雪尘雪粒子就像白毛糊糊一样扑面打来，连队顿顿吃土豆和大白菜，极少有荤腥。"现在我们家做的土豆白菜，里面加肉我都不愿意再吃了，土豆白菜我是真的吃伤吃怕了。"耿效伟笑道。

除了伙食条件比较艰苦，炮兵们的住宿也挺困难。"最开始我们住在炮兵库房里，虽然简陋，可御

寒挡风还是足够的，但后来1971年'九·一三事件'发生后，条件就更艰苦了。因为担心苏联趁乱对我国发起侵袭，整个部队进入一级战备状态，全员进入阵地驻扎。住在阵地上，要用雪块砌筑成墙，下面垫个毛毡，人就住在雪洞里。这个战备状态持续了将近4个月。后来党中央迅速平息了事件，局势稳定了，我们部队才改为进入防御工事里驻守，但是战备的弦一直没松，这种情况一直持续到1972年。"

除了生活条件艰苦给耿效伟留下了深刻记忆，部队的军事技能训练也令人难忘。一开始，耿效伟还能适应部队的基本训练任务，但是因为炮兵计算兵专业对于个人军事素质的要求很高，他除了要跟普通炮兵一样熟练掌握火炮的操作，还需要学习数学和物理知识，从而为火炮射击提供精确的辅助参数。

耿效伟介绍说："炮兵部队有五大专业：侦、通、炮、驾、炊，计算兵属于侦察专业。现代炮战不是我们在电影里看到的那样，指战员一喊'开炮'就行了的，实际上这是一套很复杂的配合战术。战场上，侦察兵发现目标后，要确定目标性质、坐标、高程。指挥员向阵地下达射击口令，阵地执行射击任务，瞄准手在火炮瞄准装具上装上射击诸元，即：表尺、方向。怎样把侦察兵确定的目标坐标变成表尺、方向呢？这就是计算兵的专业了。20世纪七八十年代，还没有计算器之类的电子工具，全靠人工操作，因此对我们计算兵提出了非常高的要求，会以分秒来考核计算兵。计算兵是炮兵的大脑，没有计算兵的计算，炮阵地就没法装定射击诸元，大炮也就打不准、打不到敌人。"

耿效伟坦言，一边是要克服艰苦条件抓好日常军事训练，一边是学习掌握技术技能知识，对不满二十岁的

耿效伟同志戎装照

耿效伟和战友们在天安门前合影留念

自己来说，当时的压力确实非常大。自己几次都有后悔参军的念头，加上当时正是"文化大革命"期间，父亲耿一凡也受到了牵连，耿效伟更是惦念家人，一有机会就写信回家。在信中，耿效伟也难免会发些牢骚，而父亲耿一凡在回信里的一段话让耿效伟铭记至今。"父亲跟我说，什么是革命？革命就是吃大苦耐大劳，就得受得了委屈，你把苦吃了把委屈受了，这样老百姓才不用吃苦受委屈。"耿效伟说，"父亲一直教育我要忠诚于党，热爱祖国，热爱人民，不要因为一时境遇坎坷就放弃这份信念。其实

这些话既是说给我听，也是父亲说给他自己听的。"

"雄关漫道真如铁，而今迈步从头越。"这是耿效伟很喜欢的一句毛主席诗词，而他自己也在理想信念和家人的支持下，克服了一个又一个困难，从一个毛头小伙子，迅速成长为一名听党指挥、思想过硬、军事过硬的合格战士。1972年69军举行全军技能比武大赛，耿效伟代表连队获得了计算兵技能比武第一名，和其他优秀战士们一起受到董其武上将的亲切接见。

### 三、心向组织虽百折未有悔

除了军事上素质过硬，耿效伟从踏入军营的第一天起，就积极向党组织靠拢看齐，是连队里学习毛主席著作的积极分子。"当时我的榜样是我们连长陈前龙，他是参加过抗美援朝的老兵，思想上、军事技能上都非常过硬，为人正直，作风正派，毫不夸张地说，就跟电影电视剧里那些英雄典型一模一样。我心里暗自把连长作为自己学习追赶的目标。"1972年的某天，部队政治部主任找到耿效伟谈心谈话，提到了入党的问题，因为当时正是特殊历史时期，受父亲耿一凡牵连，耿效伟的入党申请也一直被搁

耿效伟夫妇和小孙女合影

置。"当时那种情况下，我知道我想入党非常困难，我的家庭情况是一个解不开的疙瘩。但是我的思想和心态也逐渐成熟起来，这既有家人的安慰的原因，也离不开连队同志们的开导和帮助。"

终于，在1974年，经过长期的考察，部队党组织批准了耿效伟的入党申请。同年受部队委派，耿效伟去天津采购机械设备，中途回北京探亲，向家人汇报了自己入党的好消息。1974年年底，父亲耿一凡也迎来了平反的喜讯，耿效伟也从部队转业到了北京第三轴承厂工作。父子俩的人生都掀开了新的一页，历史的车轮也回到正确的轨道，一切宛如冬雪初融，春芽萌发。

**四、不同岗位忠诚尽责履职**

来到北京第三轴承厂的耿效伟，面对的又是一个全新的工作岗位和环境。工厂的业务和部队的业务完全不同，耿效伟作为维修车间服务主任，需要迅速转换思维，熟悉业务。他说："就一个字——学，从书本中学，跟老师傅学，在车间现场学，多看多学多问。"耿效伟发扬部队攻坚克难，能吃苦、敢打仗的精神作风，很快就适应了新的岗位，而且在履职过程中，还从不同角度，发现和解决了一些老大难问题。

"当时轴承生产过程中，有一个淬火工艺环节，需要用氰化钾和工业盐对轴承进行热处理。但是这个过程有极大的危险性，因为氰化钾是剧毒，淬火过程中产生的有毒气体对工人的生命健康有极大危害。过去大家都是靠戴好防护用具来保护自己。然而百密终有一疏，时间久了，一些操作工人就患上了慢性职业病，却也没人重视。可能是我初来乍到的原因，敢于对此提出异议，组织厂里的专家和技术骨干一起研究如何改善工艺，带头向厂里申请把原有设备拆除，换成了气体渗碳工艺，大大降低了对工人身体的危害性，也受到了大家的认可欢迎。"耿效伟介绍道，"我从部队养成的作风习惯就是说话直，办事直，实事求是，看到问题就想着着手解决。"

1989年，耿效伟又被调到轻工业部制鞋研究所工作。当时单位在兴建办公楼，但是在这个过程中，因为协调组织等方面的问题，工程进度缓慢。面对这些困难，耿效伟和领导同事们一起大刀阔斧开展改革，跑了很多部门办好各种手续，把困难环节全部打通，顺利推进工程完工。后来，耿效伟被调到轻工业部基建处工作，负责规划、计划工作，直到2000年9月退休。

**五、做永远忠诚于党和人民的战士**

回忆自己的工作历程，从部队到地方，再从地方到国家部委，耿效伟经历了很多工作岗位。"父母家庭把我抚养长大，党赋予了我理想信仰，部队磨炼了我的意志精神，工厂机关让我扎根群众。"耿效伟觉得自己的人生是非常充实丰富的，有起也有落，有悲欢也有离合，让他无愧无悔的是：自己在每一个人生阶段都践行着共产党员的理想信念，在每一个岗位都努力尽职尽责完成组织交办的任务，在每一次面对春风得意或是人生低谷时，都坚信"真金还需千百炼，守得云开见月明"，做一名永远忠诚于党和人民的战士。

# "顶梁柱"

## ——记北京市"孝星"尤福贵

袁丹武

每个家庭都有一根顶梁柱，北京市海淀区西翠路军休所军休干部尤福贵就是家里的顶梁柱。有一段时间，他既要照顾90多岁的老母亲，又要照顾患精神病的儿子，还要照顾多病的妻子。难啊！俗话说：家家有本难念的经，尤福贵家的"经"也太难念了。

可尤福贵却说："男子汉大丈夫，铁肩担道义，立地顶个天，天塌下来也不怕，再难我也不能把这个家推向社会，要把这个家撑起来、顶起来！"

尤福贵还说："家庭是社会的细胞，不能鼓包，不能鼓到社会上去，更不能成为脓包，祸害社会，损害国家的机体，要争取让家庭成为健康的社会细胞。"几十年来，尤福贵认准了这个理，用自己的实际行动践行着自己的诺言。

他还没有退休时，年迈的父母就到了他们家，一住就是好些年。当时，家里的房间还小，他和妻子一商量，将家里最大的朝阳房间腾出来让父母住。

自老父亲去世，特别是尤福贵退休后，他与妻子将母亲作为重点保护对象照顾。有道是：人老了能吃就是福。可老母亲胃口不好，他和妻子想尽办法，变着花样地做老母亲的一日三餐。为了让老人吃得可口，尤福贵亲自下厨，腰系围裙，围着锅台忙前忙后，不亦乐乎。开始不会做，就慢慢跟着妻子学。他还买来一些烹饪书籍，照葫芦画瓢，按照书里介绍的方法做。经过一段时间的学习和摸索，他竟能做出几个像样的菜品了。母亲的牙不好，要吃软的，孩子们要吃硬的，他就将米淘好加水后将锅偏一下再放进电饭煲里，这样做出来的饭就有软有硬了。母亲爱吃面食，他就时常给母亲包饺子、蒸包子、煮馄饨等，还从食堂打回面食，满足老人的口味。到了90多岁以后，老人只能吃点稀饭或流食，胃口越来越差，食欲不振，还时常闹点"绝食"。他除了给老人服药调整肠胃，还在粥里放点蜂蜜或白糖，把肉、鱼和蔬菜等打碎了加在稀饭里，使老人胃口大开。到后来，老人不能自己吃饭了，尤福贵就一勺一勺不厌其烦地喂，老人有时不高兴了还将饭碗打翻在地。尤福贵总是耐心地劝："来，再来一口，乖乖！"老小孩、老小孩，只能像哄小孩子那样哄了，好让老人多吃一点。

照顾老人的生活起居是一件十分让人操心的事。自从老父亲去世后，母亲就陷入深深的孤寂落寞之中。为了哄老人开心，尤福贵起床后的第一件事就是到老人房间里对老人嘘寒问暖，问睡得好不好、冷不冷，再帮老母亲穿衣着鞋，开窗通风。有时间就陪老母亲唠嗑，讲小时候在家的故事，讲高兴的事。老人怀旧，爱唠叨过去陈芝麻烂谷子的事，尤福贵就耐着性子听，从不打断。出去遛弯，是最让老母亲开心的事，开始是尤福贵陪着她散步，在大院里东走走、西逛逛，赏花品草，再后来是他搀扶着老母亲散步。老母亲年逾九旬后，行动不便，腿脚不灵，尤福贵就特地买了轮椅，推着老母亲出去遛弯晒太阳。

随着时间推移，96岁的老母亲身体状况越来越差，生活不能自理。尤福贵除了要帮助老母亲喂水喂饭，还要帮助其洗澡，擦洗身子，换尿不湿，清理大小便，晚上还要到母亲房间看一看，尿了、便了要随时清理、擦洗。有时还要帮助卧床的老母亲按摩，防止出现血栓和褥疮。

老母亲年龄高病情重，他本想让妻子搭把手，可是妻子却偏偏病了，反要尤福贵照顾。妻子本就体弱多病，患有高血压、糖尿病等，随着年龄增长，病情越来越重。她行动不便，不能行走，还时常要到医院去看病，每次上医院都需要尤福贵推着去，帮助挂号、取药，扶着妻子上下轮椅。有时也要推着妻子去遛弯晒太阳，但他自己只有一双手，推完母亲又要推妻子。在大院的小路上，人们常能看到一个老人推着另一个老人行走的场景，那就是尤福贵。老母亲去世后，尤福贵把重心放到了妻子身上。像照顾老母亲那样照料妻子的一日三餐、生活起居，直至陪妻子走到最后。

就在尤福贵照顾弱妻老母时，他唯一的儿子病倒了，儿子年近不惑，不幸患上了精神分裂症。儿子一旦犯起病来，吃饭时要是不高兴了连桌子一起掀，摔碟砸碗。更要命的是儿子病重了会六亲不认，见谁骂谁，见谁打谁。尤福贵只得将儿子送往精神病院。由于儿子没有单位，住院的一大笔费用需要他个人承担。有一次，儿子住院3个月，除了医保报销，自己还要承担8000多元。他本想让儿子为自己养老送终，但儿子却反过来要自己来照顾。儿子患病，无异于雪上加霜，就像天塌了一般，还有老母和病妻，谁家摊上这样的事也会犯难，这些困难中的任何一个都能让人喘不过气来，更何况一个年逾古稀本身也有病的老人。尤福贵有点撑不住了。他有时也恨苍天不公、老天不长眼，恨命运为什么捉弄自己。但强烈的责任感、男人的刚强、军人的意志支撑着他。他鼓励自己："面对现实，从容应对。自己家的事推给谁也没用，自己家的困难自己扛，没有克服不了的。"

就这样，他一个古稀老人要同时扮演儿子、丈夫、父亲的角色，精心照顾三个病人。早晨帮助母亲、妻子洗漱，给她们喂完早饭后，帮老母亲、妻子、儿子服药，清理房间，有时还要帮妻子到医院去取药，再到菜市场买菜，买完菜回来扎个围裙就开始忙着做饭，淘洗切刨，煎炸炖炒，一个多小时，软硬适中、色香味俱全的饭菜被端上桌，先喂老母亲吃完饭，自己再扒几口，洗碗收拾完厨房，中午休息一会儿。下午起床后推着轮椅陪老母亲出去遛弯晒太阳，推完母亲再推妻子。回到家再到厨房继续一阵忙乎。等母亲、妻子、儿子吃完晚饭，他收拾完厨房，再帮母亲、妻子洗漱后，就开始清洗母亲、妻子一天换下的衣服。忙完一天，等母亲睡觉后他才能静下心，读点书，看点报，有时写点感想文章。这就是尤福贵紧张忙碌的一天。他也尝试请过保姆，但保姆一来，看到这样的家庭状况，就皱起眉头，退避三舍，特别是听说家里还有一个精神病人，扭头就走。没办法，尤福贵只得让女儿节假日来帮助搭把手。

面对家庭诸多常人难以想象的困难，尤福贵不言老、不放弃，不但撑起家庭这个天，做家庭的顶梁柱，还积极参与社会活动，成为老有所学、老有所为、老有所乐、热情参与、踏实敬业、甘于奉献的模范榜样。2013年，在北京市万名孝星表彰活动中，尤福贵当选"孝星"。

# 寻根·长城

## ——庄浪涉水窄处设险　中堡守望风骨犹存

张明弘　文／摄

**何处依山涉水**

**恰是窄处设险**

告别天祝县，寻根·长城团队依依不舍地开始以永登县为根据地的考察。因行程紧张，搬"家"路上途经何家台时，一直悬而未解的问题"长城何时过河"才终于被他们找到答案。

12月，这里的气温平均都在零下十几摄氏度，此时的天是完全的阴天，车里能感觉到风在重重地拍打车窗。还窝在车里迷迷糊糊的时候，张老师果断地停车。待下车走了不过百步，在庄浪河河边站定时，发现在此处，河水的走向、地形山势一览无余。向南望去，庄浪河水流向两山相夹处；向北望可以看到来时路过的富强村四社巨大的墩台。

猎猎的风强劲地吹着庄浪河水，摇晃着一切可摇晃的物体，人像干枯的芨芨草一样弱不禁风，掌镜的人

天祝至永登，搬"家"路上

平时是最不怕冷的，此刻也不得不戴上手套，尽可能将手缩在衣袖内，只留手指部位在外擎住相机。张老师却在镜头中声如洪钟，足以与"呼呼啦啦"的风声做斗争。

苦必定是伴着甘的，由于敏锐的洞察力和常年行走的经验，在缺少资料、老乡记忆模糊的情况下，张老师还是判断出"长城从这里最窄处过了河""这里就是永登段长城庄浪河过河处"，于是团队打点，留下寻根·长城的脚印。老师乘兴详细地解释了他的判断，寒冷因收获的欣喜而暂停。

河水潇潇　干草瑟瑟

逶迤而来

**昨日天险依河就势**

**今夕枢纽相携并行**

《永登县志》记载，明代长城遗

静谧的街道

迹分布在永登县中部庄浪河东岸的河谷阶地和黄土山梁山脚下,方向基本为南北纵贯。明长城始自兰州黄河北岸沙井驿,经永登县咸水河沿河北上,至苦水乡红岘沟附近翻至庄浪河川,基本沿着庄浪河东岸北上。经苦水、红城、龙泉寺、大同、柳树、城关、中堡、武胜驿等乡镇进入天祝藏族自治县县境。走向自苦水始,基本沿今永登县内兰新铁路东侧自南向北延伸,全长约90千米。

寻根·长城团队而今落脚永登县城,开始自北向南,沿着兰新铁路追寻着长城的足迹,在新年倒计时还有3天时,抵达永登境内中堡段,继续寻根·长城之旅。

一路走来,遇见的老乡口中,说边墙与铁路总是分不开的,不仅仅缘于打边墙的地方适合修铁路,还因为边墙、铁路都是和民生息息相关的,边墙保一方平安,铁路促一方经济发展。此时我们的行程,有了大致的方向:沿着兰新铁路向前,一路走一路询问、记录。

接近清水村,因为没看到晒暖的老乡,我们就像惯常一样找了家小卖店,请店主给推荐上了年纪的当地老人家,店主笃定地指着路边,"一、二、三、四、五、六……第六家董姓人家,去问他家就好了。"

很幸运,到了董大叔家,一番寒暄,我们得知原来他家就在边墙里

热心店主推荐老人家

面，边墙正好从他家东院墙边过。从此边墙上了山，但现在没痕迹了（大约20世纪70年代就没有了），大叔指着自家院子外的一个高耸的烟囱：过了前边的烟囱，在山上的兰新水泥厂，还有些边墙痕迹。小时候这边的山上没草，他经常越过边墙到后面的川上去放羊。

此刻，被勾起的不只是大爷的童年回忆，时光交织，董大爷对长城的记忆，虽经岁月磨蚀但仍让人念念不忘，那些具体物象背后所承载的时光印迹，经历过的，存在过的，必将被一遍遍唤醒与铭记。而此刻寻根·长城团队的行走也注定会成为我们今后的回忆。这也是寻根·长城团队寻找长城文化根脉的意义所在吧：有些记忆，一旦被唤醒，人就已在历史中了。我们寻找历史文化，历史文化中也将有我们的身影。

告别董大叔家，继续车行不久，公路边的民房减少，视野逐渐开阔，董大叔所指的烟囱露出全貌，再往前走我们就见到了水泥厂的大门。熟悉的场景出现，原来团队又来到了武胜驿行程最后打点的地方：明长城永登段清水河长城遗址。老师的判断和老乡的讲述再一次不谋而合。

指着东院墙细细解说的董大叔（64岁）

董大叔的营生——开着小车去崩爆米花

董大叔口中的烟囱

赵大叔（左）和张大叔（右）

面对镜头有些羞涩的赵万林大叔（73岁）

聂玉金大叔（右，66岁）

路边终于出现了晒暖的老乡——赵大叔和张大叔，在和他们的谈话中我们得知，边墙就在家属院后面。之后在赵大叔的带领下，我们找到了边墙遗迹上面的一小块，赵大叔说，此处原是黄鼠狼坡村，现在是清水河村一队。此处遗迹为明长城永登段清水河村一队长城遗址。

赵大叔还记起现清水河村村委会那边，也有边墙的遗迹，小时候他还在边墙上玩耍，20世纪五六十年代墙体还有约3米高，70年代就完全被铲干净了。大叔带我们来到现村委会的小楼后面，指着二层小楼说，就是小楼这里，以前边墙的位置就在这儿。下来的边墙沿着公路走了。

过了清水河村，在汽修部聂大叔的指引下，我们快速地找到了加油站背后山上的中堡四社1号墩台。

在向墩台进发的过程中，山爬到一半处，我们惊喜地发现了自进入永登以来，最明显的一段边墙壕。张老师指出：边墙壕有两层保障，当时在设置时是非常严密的，如果侵犯者来爬过这个山，上来以后才会发现有一个沟，从沟爬上去会发现还有一墩台，好不容易下去了，会发现还有一座边墙，这样比在山上直接修一道边墙作

陷马踩踏嘶鸣声，浑似在耳边

是守护也是陪伴

清水河村一队

烽火墩遗址，在高山深处像雕像一样挺立

清水河村村委会 / 中堡四社 / 中堡四社墩 / 中堡镇政府

用更大。再有，壕沟主要是用来挡马的，人是挡不住的。这些都说明了长城设计的巧妙，体现了古代劳动人民的智慧。

中堡四社1号墩台，是一个墩堡，墩台夯土层清晰，是由当地的黄土版筑而成。平面呈矩形，剖面呈梯形：东壁底边3.6米，顶宽0.95米；南壁底边1.9米，顶宽0.8米；西壁底边1.9米，顶宽0.8米；北壁底边2.9米，顶宽0.7米；残高5.1米。所在台基为土丘，底宽18米，上宽11米，高4.8米，台基四周环绕有壕沟。此时是冬季，隐约可见干枯的冰草等植物附着其上。台体四周坍塌严重，一方面受风雨雷电侵蚀、植物根系生长等自然因素的破坏；另一方面也不乏附近居民取土等人为因素。

依照张老师的经验判断，此地当年是个山包，本身就高，人们挖了一圈沟，然后把多余的土盖到了上面和两边，这样就比较安全。一个墩台，如果没有人为破坏，几百年也就没有了，像这样一个墩台再有30

多年也就没有了。

远远地看去，墩台像守卫这里的战士，从无人机的镜头里俯览全貌，慨叹它历尽百年沧桑，依然风骨犹存，宁静深邃地守望庇护着这片土地。历史带给我们的美好，人类和自然的共同杰作，经过历史的雕琢和岁月的侵蚀，是纯粹的人工无法企及的。它在高山深处，像雕塑一样，成为历史的丰碑，来纪念缅怀这段长城的历史。

### 巧遇一而再三
### 运气亦是实力

一天的行程过半，我们遇见了明显的边墙壕、造型突出的墩台，有巧遇，有惊喜，团队也气势高涨，趁着这样的兴致，来到了汪家湾村。

下半段的行程中我们乘胜追击，又是路边巧遇大叔，而边墙正好就在大叔身后的山上，顺着大叔指的方向看去，那里正是汪家湾村东侧的山梁，山梁下面已经隐约浮现一点点长城的墙体。

从上面的清水河村开始，长城一直沿着山梁下面修，沿着山梁走，就是汪家湾五队，再往前就是五里墩了。站在汪家湾长城边，能清晰地看到高楼大厦，已经离县城很近了。

半山腰有对老乡夫妇，开着农用拖拉机在一块地上转圈。寒冬腊月，不是犁地，是干什么呢？原来河

耙（bà）地

远眺汪家湾长城

寻寻觅觅

远山拖不住西沉的夕阳　盼他日再来

飞鸟有时　岁月无边

西地区普遍干旱，冬天土地龟裂，裂缝会越来越大，需要用一层覆土及旱耙（bà）平它，以防止地下水分流失，来年春天好种地。这是干旱地区人们日积月累的经验，也是智慧的结晶。

汪家湾长城是我们进入永登后看到的最完整的一段长城。目测，其墙体比较高，排除壕沟的高度足有6米；壕沟深的地方也接近2米；身躯清晰、高耸；所在地开阔，墙体相对完整；不远处山顶还有一座娘娘庙。

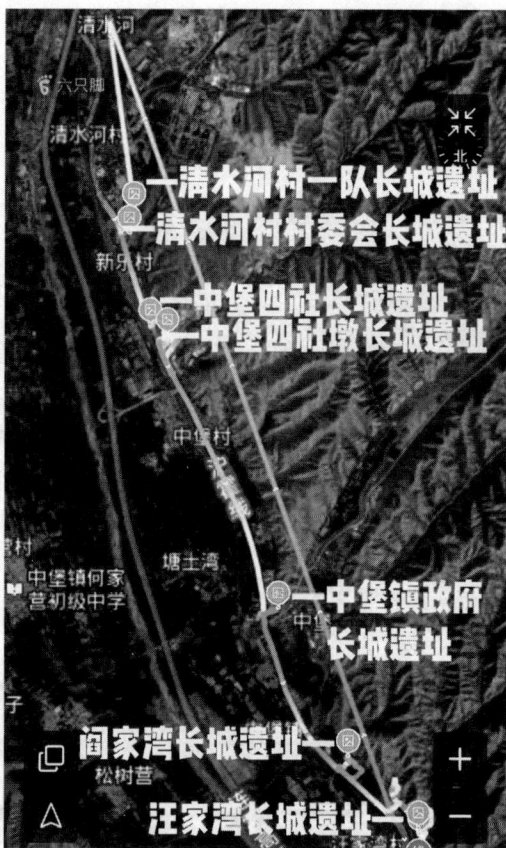
寻根·长城团队在六只脚App打点定位

看得出这个地方一直有人居住。

张老师感慨地说："这里的长城能被保护好是很不容易的，一是汪家湾人对长城的保护意识；二是永登文物局的政绩；三也是万里长城的幸运。"

长城很长，我们沿着它行走，旁边有很多人工挖掘的洞穴，放羊的人及羊群、飞鸟、土拨鼠时有来过，他们都是边墙的伙伴，陪伴长城度过漫长沉寂的岁月。无论存在多久，只要存在一天就有意义。

回程路上，总结一天的经历，队员们都觉得一天的巧遇离不开张老师多年行走长城的经验，团队的"心灵指导"戏谑地说"运气也是实力的一种"，大家一阵欢笑。相信这段行程，必定会被我们铭记，当它被再次唤醒时，就是我们又回到了寻根·长城之旅。

汪家湾长城界碑

# 潞河舟行话中外

### 王　铭　文/摄

悠悠潞河，北运沧桑。这里曾经舳舻千里，漕船万艘，舟楫往来，万国朝宗。在生机勃勃的北京城市副中心通州，乘坐北运河游船，可以欣赏运河水波与两岸公园蓝绿交织，慨叹运河治理与副中心建设水城共融，感受运河往事与文旅通航古今同辉。

## 一、见证首都漕运

潞河可谓通州的"母亲河"，是与北京城市副中心关系最密切的运河河道之一，现在人们一般将其叫作北运河。它是京杭大运河的北端河道，从天津逆流而上连接到我们所在的通州，然后从通州转而通过京杭大运河的最北端河段即通惠河而通向北京城。

北运河的开凿历史，有史记载的是从东汉末年曹操开泉州渠、筍沟开始。870年前的公元1153年，金朝第四代皇帝海陵王完颜亮为了从金上京（今黑龙江哈尔滨阿城区）迁都到金中都（今北京），提前两年疏通了北运河，并把通州原来的地名"潞县"

北运河游船与北京艺术中心

改为"通州"，取"漕运通济"之义，以方便运输粮食到首都金中都。所以说，从通州这座城市命名的历史原因上看，通州之所以为"通"，正是北运河之通带来的，其目的是首都之通。北运河的大发展、通州的命名，与北京开始正式成为王朝首都是密切相关的。

从此，北京城有了充足的粮食供

应，就成为金朝、元朝、明朝、清朝的首都了，直到今天北京还是中华人民共和国的首都，这在中国的所有城市中都是很特殊的。运河与通州在其中发挥了重要的支撑作用，让北京这座城市成为历史上连接南北的"运河首都"。

明朝初年，明成祖朱棣把明朝的首都从南京迁到了北京，通过这条京杭大运河不仅从南方运输粮食供应给首都大量人口，还从南方运来了大型木材、金砖、城砖、花斑石等重要建筑材料，用于在北京建设紫禁城，也就是今天保留下来的北京故宫。北运河河底就曾经有考古发现，人们在此打捞起了明朝的大皇木（作为皇家建筑的梁架、柱子使用），通州北运河边还有两个地名就叫"皇木厂"，是当时存放运河大皇木的地方。还有各种生活物资、各色商品也通过大运河从南方运到了北京。所以民间有一句很形象的话，叫作"水上漂来了紫禁城"，就是说没有大运河的超强物资输送功能，京师紫禁城的建设就难以实现。

清朝乾隆皇帝很感慨大运河的巨大作用，他说大运河就是国家的"聚宝盆"啊，只要有了这条大运河，身在京城就不愁吃不愁穿了。乾隆皇帝曾经六下江南，大都是从通州北运河这里坐船南下巡游的。今天北运河上的游船，还有一种船叫"安福舻"号，就是按照当年乾隆皇帝下江南所坐的运河皇船1：1复制打造的。

**二、见证国际交往**

自从北运河得到疏通以后，漕运发达，粮食运输量就更大了，到元朝北京进一步成为全中国的政治中心，世界各国的使节和友好人士也都经过这条大运河往返于中国首都和中国沿海或口岸城市之间，并通过海上丝绸之路、陆上丝绸之路进一步连接了世界。元朝时一位重要的友好人士代表就是意大利旅行家马可·波罗，他跟着他的家族到达元大都（今北京）见元世祖忽必烈汗，又沿着大运河访问过沿岸的很多中国城市，例如江南的繁华都市扬州和杭州。可以说通州这里的北运河就是他当时进出元大都的重要一站。他在中国停留了十七年，后来回到欧洲后口述形成了世界闻名的著作《马可·波罗游记》，这成了后来哥伦布开辟海上新航线寻找东方的重要动因。

明朝末年，意大利人利玛窦也是从海上进入中国澳门之后，到中国内地再通过京杭大运河到达通州的，他在这里下船并在潞河驿习礼，然后进入北京的紫禁城，想要见当时明朝的万历皇帝，他带来了世界地图《坤舆万国全图》、自鸣钟、西洋钢琴等中国人没有见过的珍贵礼物。不过可惜当时万历皇帝长年不上朝，所以利玛窦进了紫禁城却没有见到皇帝，但也获得了长期居住于京城的机会，并获准时常进宫维修自鸣钟。跟随着利玛窦的足迹，此后来自欧洲的汤若望、徐日昇等人（这些名字都是他们到了中国后取的汉文名字），同样是从澳门到了北京，同样是在北运河北端的通州登陆，再进京入宫的。他们还成了清朝康熙皇帝的"洋外教"，辅导康熙皇帝的数学、几何学、天文学乃至音乐课，康熙皇帝还与远在欧洲的法国国王路易十四互通信件、互致礼物，中西方君主通过这些经由海上丝绸之路和大运河往来的特殊使者遥相对话。再后来，英国国王乔治三世派遣马戛尔尼使团访问乾隆皇帝，也是沿着京杭大运河坐船来到通州，在通州的潞河驿休息以后，去北京紫禁城和承德避暑山庄拜见乾隆皇

蓝绿交织的北运河

帝的。他们都通过大运河为那个时代的中西方文化交流和文明互鉴发挥了重要作用。

还有来自东亚地区的使节，如朝鲜使节、琉球国使节，都是经过通州的北运河然后进入北京的。朝鲜使节朴趾源在通州看到了漕船万艘、遮天蔽日的场景，在他的出使日记里写下了他看到的运河景观，他说："潞河舟楫之盛，可敌长城之雄。""不识潞河之舟楫，则不识帝都之壮也。"可见当时北运河上舟船往来，是多么壮观。来自东亚海上、今天冲绳群岛的琉球国使节中，有很多人在出使的过程中过世被埋葬在了通州张家湾，那里有一处琉球国人墓地，2023年冲绳知事还特地到通州，拜祭这些为东亚文化交流互鉴作出贡献的使者。

## 三、见证副中心发展

大运河既是文化之河、生态之河，也是民生之河、发展之河。"潞河"之名，曾经见证了通州服务北京这座首都城市的阶梯式发展历程。如今北运河两岸高楼林立，自北京城市副中心入驻通州以来，通州以"世界眼光，国际视野，中国特色，高

点定位"的理念拔节生长，城市面貌焕然一新。北运河上，连接两岸的千荷泻露桥造型别致，东关大桥上夜幕璀璨。北运河的东北岸，有新落成的北京市政府四套班子和相关部门的办公区、职工生活区，北京城市副中心站综合交通枢纽已初见雏形。北运河南岸，有由原来的东方化工厂改造建设的北京城市副中心城市绿心森林公园，以及一开放即人流潮涌的副中心三大文化建筑（北京艺术中心、北京城市图书馆、北京大运河博物馆）。可以说，北运河也见证了副中心新城的高速发展。

如今，北运河游船成为北京大运河文化旅游的重要体验项目。始自通州码头的北运河游船，在近年里先后实现了北运河通州城市段通航、通州全线通航、北运河京冀段通航，很快还将继续将通航目的地向南延伸至天津武清，朝大运河文旅京津冀协同进发。在不久的将来，坐船从副中心

北运河上的东关大桥夜景

南下，可以享受一日"慢生活"，在领略北运河如画美景的同时，感受运河两岸的沧桑故事和城市村镇发展变迁。2024年2月，北京（通州）大运河文化旅游景区获评国家5A级旅游景区，这是北京城市副中心大运河文化保护传承利用工作中的一个重要成绩。景区的中区以北运河游船为主要旅游载体。

舟行潞河，水清岸绿，忆古思今，放眼中外。在北运河游船上，我们可以讲述北运河的历史文化故事与国际交往故事。北运河畔的北京城市副中心，正迎来更多的世界友人，书写着中外文化交流和文明互鉴的新时代、新北京的新故事。今天的北运河游船，通过文化和旅游融合的诗意方式，让世界看到一个历史悠久，同时又日新月异的北京，让世界读懂一个扩大开放、走向世界的中国。

水城共融的副中心

北运河上远眺北京市政府大楼

## 纸剪情深

孙学铭剪纸作品

# 金蒙居庸关之战

赵振烨 文／摄 王 铭／摄

居庸关是万里长城上历史最为悠久的关隘之一，它见证着长城南北政治力量的博弈与军事力量的碰撞，见证着历史上一个个政权的兴衰沉浮。时至今日，来北京者必到长城，到长城者必去居庸关，居庸关已经成了北京文化旅游的金名片。居庸关受到游客如此的青睐，离不开其悠久漫长的历史文化。

## 一、溯居庸之源

居庸关中的"居庸"一词，最早见于《吕氏春秋》："天有九野，地有九州，土有九山，山有九塞……何谓九塞？大汾、冥厄、殽、井陉、句注、荆阮、方城、令疵、居庸。"居庸绝壁横生，是幽蓟地区天然的军事屏障，有一夫当关、万夫莫开之险。

自北魏太武帝筑"塞上畿围"，到北齐文宣帝高洋"发夫一百八十万筑长城。自幽州北夏口（今昌平南口）至恒州（今山西大同）九百余里"，居庸关开始成为北京地区长城

防线上的重要隘口，也是沟通长城南北两侧的重要关口，对于拱卫幽蓟地区，促进农、牧两区的经济、文化交流发挥着举足轻重的作用。

辽会同元年（公元938年）太宗耶律德光接受燕云十六州图籍，"升幽州为南京"，北京地区在一定程度上开始由以中原为统治中心的边缘军镇转变为北方游牧政权国家的陪都。

居庸关长城（王铭摄）

金天德五年（公元1153年）三月，海陵王下诏正式迁都燕京（今北京），并改燕京为中都大兴府。金迁都之后，居庸关的地位更加凸显，它由一个征收关税的普通关隘，变成了守卫京师的北大门。《金史》中曾这样评价居庸关："中都之有居庸关，犹秦之崤函，蜀之剑门也。"金末，在与蒙古国的中都之战中，居庸关这一易守难攻的天然优势发挥了重要作用。面对势如破竹的蒙古军，金军封锁关门，布铁蒺藜百余里，并派精锐将卒守之。使成吉思汗不得进关，只能退兵转攻飞狐岭、紫荆关等处，最终采用迂回包抄战术才得以陈兵金中都。也正是居庸关这一战，直接推动元朝定都北京。

再度实现全国统一的元朝，将都城定在了疆域中心北京。此时居庸关作为拱卫大一统王朝都城的重要屏障，地位进一步提升。军事上中央在此派驻精锐亲军镇守，经济上作为两都驿道上的重要关口成为每年皇帝北巡和商旅出塞的必经之地。40里的峡谷关道被拓宽修整，沿途更是建起行宫、寺庙、过街塔、花园等庞大建筑群，一度出现"绝壁云霞龛佛像，连甍鸡黍聚人烟""列队龙旗明辇路，重

居庸关城楼与瓮城（王铭摄）

屯虎卫肃天兵"的繁盛景象。

## 二、燃金蒙狼烟

居庸关称天险，关分南北二口，北门又称北口，即今居庸关，南门称南口，两者相距四十里，其间两山夹峙，中间极狭，悬崖峭壁，堪称绝险。此处又是距离金中都最近的关口，通过此关，便可长驱直入直取中都。因此金人在此屯戍重兵，严守其中，然金人虽据有居庸之险，却仍阻止不了蒙古铁骑长驱直入。金末，居庸关两度被蒙古军攻破，蒙古军两度自居庸而出围抵中都城下。

金大安三年（公元1211年）九月，成吉思汗派哲别率领一队先锋军先行南下攻金。九月中旬，哲别攻下奉圣

明月雄关（王铭摄）

州后，又转攻德兴府（今河北涿鹿西南），后陈兵居庸关。金军得知蒙古将攻居庸，提前增加了关口守备，蒙古军难以从正面突破，哲别提议："可诱他战。"于是蒙古军假装退兵，金军果然尽出军马追袭，哲别佯退至宣德府的鸡鸣山嘴附近后，迅速率军回战，击溃大量追击而来的金兵。而此时取得会河堡之战胜利的成吉思汗中军也抵达居庸关，两军会合，大败金军。成吉思汗深知要攻克中都此时还不是最好的时机，夺取居庸关后，令蒙古军兵分两路南下：一路由成吉思汗统领，扎营龙虎台（今昌平西二十里）静观其变；另一路由哲别统领，先行前往中都进行试探性进攻，即《金史·卫绍王本纪》所载，"九月末，哲别率蒙古前军至中都城下"。

此时的金朝内部，各地援军纷纷勤王，上京留守徒单镒派遣同知乌古孙兀屯率两万人增援中都。泰州刺史术虎高琪也以飐军三千屯师于中都正北的通玄门外。由于寡不敌众且中都城垒坚固，易守难攻，蒙古军被迫北退居庸关外，居庸关也重新被金军收复。蒙古军退兵中都后，继续对中都附近东至平、滦，南至清、沧，西南至忻、代，以及德兴府、弘州、昌平、怀来、缙山、丰润、密云、抚宁、集宁等地进行侵扰，企图摧毁金国的华北经济基地，削弱金与蒙古持久对战的潜力，从而加速金的灭亡。

金至宁元年（公元1213年）农历七月，第二次居庸关战役拉开了序幕。"枢密院调兵六百守居庸关南、北口"，这里的南口即"下口（夏口）"，北口即八达岭，可见此时的金军为了抵御蒙古军南下，已将居庸关的管辖范围扩大到整个居庸陉。居庸关口本就易守难攻，加之金军封锁关门，又布铁蒺藜百余里，蒙古军想攻占此处更是难上加难。面对此情境，成吉思汗诏可忒、薄刹率军一部看守居庸北口，佯装攻击，引得金兵闻风出动。另一部则随成吉思汗沿桑干河西行，经山西省的广灵、灵丘等地，绕道涞源、凉圆峪，出紫荆关，试图以迂回包抄的战术夺取居庸关。金人侦知蒙古军有迂回夺关的企图，急派奥屯襄率众驰往紫荆关，企图将蒙古军阻于关外。但此时，担任西京留守的胡沙虎逃走，本就守备空虚的紫荆关更加孤立无援。等奥屯襄率军抵达紫荆关时，成吉思汗大军早已越关而出。《元史·太祖本纪》载，成吉思汗见金派兵来追，乃"出紫荆关，败金师于五回岭"，转而"拔涿、易二州"，不日便陈兵中都以南。此时的中都北面亦是危机重重，哲别、速不台各率一路精兵从间道袭击居庸南口，南口守军来不及反应就被攻下。居庸北口守将讹鲁不儿等见此情形，献北口以降。居庸既克，蒙古南北两军成功会师，攻下中都指日可待。金中都内，先有胡沙虎杀卫绍王完颜永济，拥立完颜珣为金宣宗；再有术虎高琪杀胡沙虎之变。金朝内患不绝，再也无力组织军队与蒙古军对

昌平中秋晚会"居庸山月"（王铭摄）

抗，金之大厦将倾矣。

### 三、居庸遗宝——云台

居庸关除了记录下历史的硝烟烽火，还是多元文化交融的重要见证。在居庸关南北关券城间，现存云台一座，名为"云台"，取其"远望如在云端"之意。云台建于元至正二年（1342），是元代过街塔的基座。

云台之上原筑有佛塔三座，下留券门可通行人，廼贤在其诗《居庸关》的注中有如下记载："关北五里，今敕建永明宝相寺宫殿，甚壮丽，三塔跨于通衢，车骑皆过其下。"后于元末明初之时相继毁于战火。欧阳玄所撰《过街塔铭》对过街塔的修建作了明确的记载："一日，（元顺帝）揽辔度关，仰思祖宗勘定之劳，俯思山川拱抱之状，圣衷惕然，默有所祷，

居庸关云台（王铭摄）

期以他日……伐石州周瓷基，累甓跨道，为西域浮屠，下通人行，皈依佛乘，普受法施。""西域浮屠"，即为佛塔，而其"下通人行"是指它吸收了古代城关关门的特点，佛塔之下留有券门，可容行人、车马通行。过街塔兴起于元朝，一般修筑于通衢大路之上，按佛教礼仪，行人由塔下券门经过就是向佛礼拜，受到佛法的洗礼。

居庸关云台上的石雕是元朝藏传佛教雕塑作品中最具代表性、最重要的一件，其拱券外侧券脸刻六挐具，内壁顶面刻五幅曼荼罗坛城，两侧斜面刻十方佛及千佛，立面四角刻四大天王，中间有汉、梵、藏、回鹘、西夏和八思巴蒙古文等六种文字镌刻

云台券门内侧多种文字镌刻的佛经（赵振烨摄）

的《陀罗尼经咒》和除了梵文的上述五种语言书写的《造塔功德记》。除了十方佛及千佛是明朝正统年间补刻的，其他都是元朝的石刻。券门四角的四大天王，分别手持剑、琵琶、伞、蛇，身材魁梧、气势威猛，脚下踏有鬼怪，取风调雨顺之意。因此元顺帝在居庸关这一通衢两京的大道上修筑佛塔，除了每年巡幸经过时祈求风调雨顺、国泰民安，也希望通过修建佛塔让民众"皈依佛乘，普受法施"，通过这种宗教笼络的方式加强对幽燕地区的统治。明初，云台之上改建佛殿，殿内供奉毗卢遮那与文殊、普贤菩萨等佛像，并取名"泰安寺"。清康熙四十一年（1702），寺遭火焚，后世仅有云台留存。

居庸关的佛塔同样也给途经这一区域的文士留下了深刻的印象和广阔的想象空间，元人袁桷、周伯琦经此赋诗云："居庸夹山僧屋多，凿石化作金弥陀。""佛阁腾云雾，人家结市圜。""驱车荦确上居庸，古涧流泉拂晓风。古道朱扉司管钥，过街白塔耸窿穹。碑镌最质朝京阙，仙与弥陀峙梵宫。"可见在途经云台的文士眼中，居庸关云台与关隘、僧民一同组成了山水秀丽、佛塔壮美、人民和乐的美好景致。

今日的云台虽然早已不复当年的胜景，但饱经沧桑却仍精美、细致的石刻仿佛向我们诉说着居庸关悠久而漫长的历史。

云台拱券外侧雕刻精美的六擎具（赵振烨摄）

# 善解老子·上善若水

浦善新

**【元典】**

上善若水。水善利万物而不争，处众人之所恶，故几于道。居善地，心善渊，与善仁，言善信，政善治，事善能，动善时。夫唯不争，故无尤。

**【直译】**

最高境界的"善"像水一样。水善于滋润万物而不与万物相争，（总是）处在众人所厌恶的地方，所以几乎同于"道"。居住善于选择地方，心态善于保持沉静，相处待人善于仁爱，言谈善于恪守诚信，为政善于治理，办事善于发挥才能，行动善于把握时机。正因为不与万物相争，所以没有过失。

**【善解】**

1. 上善若水。水善利万物而不争，处众人之所恶，故几于道。

"上善若水"意为最高境界的善行就像水的品性一样。"上"的本义是高处、上面，与"下"相对。这里指高等级、高品质、高质量的，最好的，上等、上品。《孙子·谋攻》："用兵之法，全国为上，破国次之。"这里的"善"既指美好的事物、品行，也可以理解为有德行的人。《礼记·中庸》："送往迎来，嘉善而矜不能，所以柔远人也。""上善"，即至善、极致的完美，这里指最高境界的善行，也就是合乎"道"的行为、思想。南朝齐谢朓《奉和随王殿下》诗之十一："上善叶渊心，止川测动性。"宋代范仲淹《淡交若水赋》："见贤必亲，法上善于礼文。"河上公注："上善之人，如水之性。"这里，老子实际上是教给大家做人的方法，即做人应如"上善"之水。

为什么老子说"上善若水"？因为水有利于、有益于万物，而又不与万物相争，滋润万物、泽被万物而不争名利。"利"本义为刀剑锋利，引申为有利于、有益于，水有利于万物就是滋润万物。在第三章中我们已经说过，"不争"之德是"道"的崇高品德，也是老子倡导的圣人之治的重要目标。"天之道，不争而善胜"（第七十三章），"圣人之道，为而不争"（第八十一章），"以其不争，故天下莫能与之争"（第六十六章），"夫唯不争，故天下莫能与之争"（第二十二章）。

"处众人之所恶，故几于道"，处在众人所厌恶的地方，所以几乎同于"道"。"处"意为处于、居住、生活。《周易·系辞下》："占右穴居而野处。"范仲淹《岳阳楼记》："处江湖之远则忧其君。""恶"在这里读wù，意为厌恶、讨厌、憎恨。众人所厌恶的是什么呢？《论语·子张》子贡曰："君子恶居下流，天下之恶皆归焉。"即君子厌恶卑下、力争上游，而水却与常人相反，从高处往人厌恶的低处流，这就是人们常说的："人往高处走，水往低处流。"

"几"在这里读jī，本义为古人席地而坐时有靠背的坐具。《说文解字》："坐所以凭也。"引申为非常接近、达到、几乎。《尔雅》："几，近也。"清代刘开《问说》："学之所以不能几于古者，作此之由乎？"因为水具有"善利万物"的作用，却又与万物"不争"，还总是处在众人厌恶的地方，所以几乎等同于"道"，或者说最接近"道"。

老子崇阴性、贵柔弱，在第一章把"道"称为"天地之始""万物之母"，第六章又把"道"称为"谷神""玄牝"。而水既是阴性的，又是最柔弱的，至善至柔，却能以柔克刚。水性绵绵密密，微则无声，巨则汹涌，"天下之至柔，驰骋天下之至坚"（第四十三章），"天下莫柔弱于水，而攻坚强者莫之能胜"（第七十八章），所以老子认为水最接近"道"，或者说水是"道"的化身。河上公注："水性几于道同。"因此，老子用带"水"的"渊兮""湛兮""泛兮"和"涣兮""混兮""澹兮""泊兮""沌沌兮"来描述、形容"道"和得"道"之人。

2. 居善地，心善渊，与善仁，言善信，政善治，事善能，动善时。

"居善地"就是居处善于选择地方。"居"我们在第二章讲过，本义为蹲着，这里指居住、住所。《吕氏春秋·达郁》："卒不居赵地。"《列子·汤问》："面山而居。"这里的"善地"就是低处，对应上节所说的"处众人之所恶"，即从高处往人所厌恶的低处流，也就是不与万物争高下，符合老子对得"道"之人谦卑处下的要求。"是以圣人欲上民，必以言下之"（第六十六章），"善用人者为之下"（第六十八章），体现了"道"的不争之德，"江海所以能为百谷王者，以其善下之，故能为百谷王"（第六十六章），也是圣人"故或下以取，或下而取"（第六十一章）的治国之道。

"心善渊"，即心态善于像深水、深潭一样沉静与波澜不惊，心地像深渊一样空冥，心胸善于保持沉静如同深渊，像大海一样深不可测、宽广无垠，至柔却有容天下的胸襟和气度。"渊"我们在第四章已经讲过，即深水、深渊、深潭，象征"道"空冥而幽深，是深不见底的深渊。

"与善仁"指与人交往相处善于仁爱，待人善于真诚、友爱、无私，有滋养万物的德行，体现水的阴性、慈悲。"与"本义为赐予、施予、给予，引申为交往、交好。《庄子·大宗师》："孰能相与无相与。"

"言善信"指言谈说话善于讲诚信、守信用，言而有信。"信"本义为真心诚意，引申为诚信、诚实、真实。水的语言就是水声，或潺潺流水，或波涛汹涌，或涓涓细流，或惊涛拍岸，或雨打芭蕉，或润物无声，无不名实相副，绝不口是心非。

"政善治"，即为政善于治理，就是第二章的"处无为之事，行不言之教"、第三章的"圣人之治"，也就是无为而治，精兵简政，善于保持安定。"治"我们在第三章已经讲过，就是治理。"政善治"王弼本写作"正善治"，这里的"正"通"政"。《墨子·兼爱下》："古者文武为正均分。"《荀子·大略》："虽天子三公问正。"

"事善能"即办事善于发挥能力，处事善于发挥所长，人尽其才、物尽其用。我们现在大力建设水电站就是充分利用水"事善能"的特点，既解决电力不足问题，又同时兼顾防洪、航运、旅游等功能，而且相比火电更绿色环保，造福子孙后代。

"动善时"，就是行动善于把握时机。水是最善于把握时机的，潮起潮落随着月亮绕地球旋转周期，每天两起两落，在发生时间和潮汐落差上以一个阴历月为周期循环往复，并在更大的时间跨度上发生季节性变化。《庄子·天下篇》："其动若水，其静若镜，其应若响。"司马迁论述道家之学说："与时迁徙，应物变化。"

《曹刿论战》记载的公元前684

年的齐鲁长勺之战中，曹刿善于抓住有利时机进行反攻和追击，取得了以小敌大、以弱胜强的结果，体现的就是"动善时"。《左传·庄公十年》："十年春，齐师伐我……战于长勺。公将鼓之。刿曰：'未可。'齐人三鼓。刿曰：'可矣！'齐师败绩。公将驰之。刿曰：'未可。'下视其辙，登轼而望之，曰：'可矣。'遂逐齐师。既克，公问其故。对曰：'夫战，勇气也。一鼓作气，再而衰，三而竭。彼竭我盈，故克之。夫大国，难测也，惧有伏焉。吾视其辙乱，望其旗靡，故逐之。'"

3. 夫唯不争，故无尤。

"尤"意为过失、差错、怨恨。正因为不与万物相争，所以没有过失，没有怨恨。"故天下莫能与之争"（第二十二章、第六十六章），结果是"不争而善胜"（第七十三章），所以老子说："圣人之道，为而不争。"（第八十一章）得"道"之人就像水一样，

是最有修养的人，其所作所为正因为有不争的美德，所以不会招来怨恨，也就没有怨咎。

【小结】

水是自然界中最常见的事物，本章老子连用7个"善"字论述水性的"上善"之处，也可以理解为得善地之人的七大德性，全面阐述利而不争、谦卑处下、波澜不惊、仁爱真诚、言而有信、以柔克刚、不争无尤的处世哲学。

上善若水任方圆，人要像水一样，看似柔弱无形、与世无争，"处众人之所恶"，却以其"润物细无声"的执着滋润万物、泽被天下，所以"几于道"，"是谓不争之德"（第六十八章），"夫唯不争，故天下莫能与之争"（第二十二章），"天之道，不争而善胜"（第七十三章），"圣人之道，为而不争"（第八十一章），"故无尤"。

# 指掌间的传奇技艺——福建木偶戏

张子璇　文/摄

## 一、令人惊叹的木偶艺术

木偶戏古称"傀儡戏""傀儡子"，是由艺人操作木偶表演故事的一种戏曲形式，是我国历史悠久、形态独立、艺术完整的艺术品种。

中国的木偶戏兴起于汉朝，至唐朝有了新的发展和提高，能用木偶演出歌舞戏。宋朝是我国木偶戏发展的一个重要时期，宋朝文化娱乐活动丰富，宋人笔记中多有关于傀儡木偶的记载，这一时期木偶的制作工艺和操纵技艺进一步成熟。随着社会经济的发展，明朝木偶戏已流行于全国各地，经济发达的南方地区木偶戏更为繁荣，故有"南方好傀儡"之说。清朝以后木偶戏进入全盛时期，不仅流行范围广，而且演出的声腔也日益增多，出现了辽西木偶戏、漳州布袋木偶戏、泉州提线木偶戏、晋江布袋木偶戏、邵阳布袋木偶戏、高州木偶戏、潮州铁枝木偶戏、川北大木偶戏、石阡木偶戏、邵阳提线木偶戏、泰顺药发木偶戏、临高人偶戏等分支。就演出形式而言，可将其概括为提线木偶、杖头木偶、布袋木偶、铁枝木偶、药发木偶五种。

中华人民共和国成立以后，木偶戏的表演更加丰富多彩。除了演出传统的戏曲节目，还表演话剧、歌舞剧、连续剧，甚至出演广告等。与此同时，木偶戏也面临着与其他艺术形式的激烈竞争。传统的木偶戏蕴藏着各地、各民族人民的思想、道德和审美意识，是我国宝贵的非物质文化遗产。

木偶艺术精美绝伦，令人叹为观止。除了艺人的精彩表演，完美的偶人造型艺术和操作装备也是吸引广大观众的一个重要方面。造型艺术重在木偶的雕刻和设计，就一般情况而言，提线木偶造型较高，多在2.2尺左右。关键部位均缀以提线，最多可达30条，至少也有10条，如进行特技表演还需根据需要增加若干辅助提线。木偶人表演各种舞蹈身段及武打技艺的水准，完全取决于艺人的操作

江加走木偶头"寿星"，福建博物院藏

技巧，这是提线木偶表演艺术水平展现的关键。杖头木偶高于提线木偶，一般偶高3尺左右，装有3条操作线，两条牵动双手，一条支配头部与身躯表演。布袋木偶造型最小，仅有7寸左右，靠艺人两手托举表演，操作技艺特别，不同于提线和杖头木偶。木偶戏不仅要有偶技、偶艺，还要有偶趣。偶趣与人性、人情相关，木偶用简单笨拙的动作把人性、人情的复杂、微妙的东西表现出来，体现出一种返璞归真的洞察、智慧，一种原始、本真的客观性。

## 二、闽南文化的缩影——福建木偶戏

福建木偶戏传承于唐朝的中原文化，兴盛于南宋，明末流传到广东、中国台湾和东南亚地区。自公元686年，陈元光将军建州以降，中原文化在福建积淀、变异，唐宋以后的泉州港、明中叶的漳州月港和清朝的厦门港相继兴起，闽南的经济文化迅速发展，客观上推动了木偶文化等民间艺术的繁荣。漫长的中原文化积淀和闽南地域文化的孕育，形成了闽南木偶独特的文化价值和鲜明的艺术特征，它是将娱乐和教化功能相结合的一种民间艺术形式，已经成为闽台民众、旅居海外的闽南人对乡土故国的一种寄托。

福建木偶戏有很多派别，包括泉州傀儡戏、晋江布袋木偶戏、漳州布袋木偶戏等，每逢乡村城镇的敬神、节庆时节，福建各地戏班就搭台表演，娱乐一番。福建木偶文化与人们的精神寄托、宗教信仰、民间信仰、民俗风情联系密切，形成了丰富多彩的民俗活动。福建木偶艺术以其精美的工艺制作技艺和高超的表演技巧而扬名海内外，是民族传统戏曲和地域民俗文化的缩影。福建木偶艺术以民族特有的情感和有意味的表现形式，承担了传承本土文化的历史职责。

泉州傀儡戏，古称"悬丝傀儡"，现在也称"提线木偶戏"，源于秦汉时期。晋唐时随中原移民南迁入闽，唐末五代即已在泉州地区流行。历经宋、元、明、清、民国，从未间断。千年来，泉州傀儡戏不仅成为泉州乃至闽南语系地区民俗中不可或缺的重要部分，而且以其独特技艺和精彩演出，成为一般民众，乃至文人士大夫雅俗共赏、喜闻乐见的民间戏曲艺术。历经千年不间断的传承与积累，泉州傀儡戏至今保存700余出传统剧目和由300余支曲牌唱腔构成的独特剧种音乐"傀儡调"（包括"压脚鼓""钲锣"等古乐器及相应的演奏

福建木偶戏

技法），并且形成了一整套精巧成熟的操线功夫"传统基本线规"和精美绝伦的偶头雕刻、偶像造型艺术与制作工艺。在泉州傀儡戏传统剧目中，保存着大量有关古代泉州地区民间婚丧喜庆及民间信仰、习俗的内容。保存着"古河洛语"与闽南方言俚语的语词、语汇、古读音，以及许多宋元南戏的剧目、音乐、演剧方法、演出形态等珍贵资料。因而，对"闽南文化学"、"闽南方言学"与"宋元南戏学"等，具有多学科的研究价值。由于泉州与中国台湾及东南亚特殊的地理、历史、人文等关系，泉州傀儡戏于明末清初即开始向中国台湾及东南亚华侨聚居地流播，并在当地生根开花。为传播闽南方言、文化，延续民族文化传承，沟通海峡两岸同胞及东南亚各国侨胞感情，增进民族文化认同发挥了重要的桥梁作用。泉州提线木偶形象完整，制作精美，尤其是木偶头的雕刻与粉彩工艺，独具匠心、巧夺天工。泉州木偶头轮廓清晰，线条洗练，继承了唐宋的雕刻、绘画风格，当代木偶头制作，在师承的传统技艺基础上，更侧重于夸张与变形，尤为强调个性化和表现力，如今，泉州木偶头也成了驰名中外的传统工艺

美术珍品。

晋江布袋木偶戏属南派布袋戏，由于这一地区南音的知识体系影响着木偶戏、梨园戏等整体艺术生活，因此晋江布袋木偶戏以文戏为主。晋江布袋木偶戏以泉腔（南曲）演唱戏文，并具有兼收并蓄的特点，剧目方面大量吸收提线傀儡戏和梨园戏的传统剧目，音乐唱腔以闽南傀儡调为主，吸收梨园戏和南音的部分曲牌。南派布袋戏流行于闽南地区，其源头可追溯到晋朝《拾遗记》及五代《化书》、南宋《巳未元日》中的史料记载。明中至清末，是南派布袋戏兴起与发展的时期，民间传说和《台湾通志》称，布袋戏兴起于明嘉靖年间，创始人是后来被誉为"戏状元"的梁炳麟。清中叶，晋江等地的布袋戏演出兴盛，并被传至中国台湾。清末民初，泉属各县一些著名的布袋戏班社纷纷兴起，如清同治、光绪年间的闽南"五虎班"。民国时期，安溪、惠安等地的布袋戏班几乎遍及全县。但至中华人民共和国成立前夕，由于经济衰退，泉属诸县的布袋戏班社处境维艰。中华人民共和国成立后，南派布袋戏获得了新生。20世纪50年代，晋江等县组织挖掘记录了200多个布袋戏剧目和音乐曲牌。新时期以来，南派布袋戏得到了进一步的发展，其主要承载体为晋江市掌中木偶戏剧团。建团50多年来，其多次进京演出，参加戏剧赛事和国际木偶节，并获得省级、国家级的奖誉。南派布袋戏具有兼收并蓄、博采众长的特点，地域文化特征明显。其艺术风格独特，行当角色分工细致，木偶头雕刻形神兼备，表演细腻，动作传神，深受广大观众的喜爱。

漳州布袋木偶戏又称"景戏""指花戏""掌中戏"，是由木偶表演、剧目、音乐、木偶制作、服装、道具、布景等组合而成的一种综合性艺术。漳州由于其独特的地理位置，兼受闽南、潮汕、客家文化三者影响，布袋木偶戏以打斗的武戏、动作戏为主。漳州布袋木偶戏沿袭了京剧的表演程式，依附于"生、旦、净、末、丑"五种行当，且以丑角表演最为出色。其特点是用指掌直接操纵偶像进行戏剧性的表演，使之活灵活现、栩栩如生，既能够体现人戏的唱、念、做、打，以及喜、怒、哀、乐的感情，又能表演一些人戏难以体现的动作，具有技巧高超、造型精美等独特风格。布袋木偶戏的操纵是用手由下而上，

布袋戏

以手掌作为偶人躯干，食指托头，拇指和其他三指分别撑着左右两臂。技艺高超的艺人双手可以同时表演两个性格、感情各异的偶人。作为布袋木偶身上的道具，木偶的服饰融入了漳绣元素，赋予了漳州布袋木偶戏千姿百态的特点。漳州布袋木偶戏已有1000多年历史，是我国古老珍稀的优秀艺术。南宋时兴盛于漳州，明末即流传到广东、我国台湾和东南亚。清中叶以来漳州各地出现大量专业布袋戏班社，形成若干不同的流派。其中主要有"福春""福兴""牡丹亭"三派，各有特色。近200年来，已传承8代。从人文历史考证，闽台文化原属一体。其母体为闽文化，是中华文化的重要组成部分。台湾的布袋戏是闽文化在我国台湾的移植和延伸，通过闽台文化交流，不仅促进了两岸木偶戏艺术的发展，更加深了中华民族一家亲的认同感。闽台布袋戏同根同源，这对漳州布袋戏艺术的发展演变、历史传承与交流等方面，具有很高的历史研究和现代文化传播价值。

### 三、福建木偶戏的保护传承

福建木偶戏是饱含地方历史文化与民俗审美价值的传统艺术形式，福建木偶戏的传承与保护工作至关重要。近年来，我国对优秀传统文化的重视与保护，为非物质文化遗产的传承和发展提供了良好的文化生态。2012年，由福建省文化厅牵头制定的"福建木偶戏后继人才培养计划"，被列入联合国教科文组织人类非物质文化遗产优秀实践名册，成为全球10项优秀实践名册项目之一。福建闽南木偶雕刻艺术的保护与传承，再次受到人们的关注。2023年，为促进闽台两地的文化艺术交流，中国国家博物馆、福建省文化和旅游厅共同主办了"源·缘——闽台艺术展"，展览的第一单元"海峡之音 合韵千年"展示了木偶戏的木偶制作流程，所需工具、材料，木偶戏的演绎等内容，闽台语言同系，闽台人民通过共同的戏曲传统所表达出的情感联结，体现了闽南地域文化的历史积淀、民众的情感寄托和民俗文化的传承性。

在坚定文化自信的新时代背景下，如何将木偶戏这种传统艺术重新融入当下的社会生活，建立起非物质文化遗产"活态保护"的文化氛围，在传承中创新，在保护中推广，是福建木偶戏在现代能否焕发出可持续发展活力的重要命题。

"源·缘——闽台艺术展"展厅现场

# 阅读伴我成长

别世芳

我出生在20世纪50年代末，童年和少年时期都是在乡下农村度过的。那时人们的文化生活无非"样板戏"和故事片，我自然而然地感受着那个特殊年月的精神世界。记得儿时放映的露天电影，基本都是黑白故事片，内容多以战斗和"反特"为主，印象较深的有《南征北战》《董存瑞》《地道战》《地雷战》《黑三角》《秘密图纸》等，我非常喜欢，百看不厌；还有戏曲片，我看过京剧《智取威虎山》《沙家浜》《红灯记》等，对人物和情节印象深刻。我对敌人疾恶如仇的是非观念就是从那个时候潜移默化地萌芽的。

随着年龄增长，我慢慢长大，开始喜欢阅读小人书。记得小学阶段，我就自己捡蝉壳去卖钱，然后到镇上新华书店去买小人书。家里离镇上有三四里地，需要走很长时间的路，我却不觉得辛苦。刚开始，我对小人书特别好奇，只要自己喜欢，见到什么就买回家阅读，后来学会了攒钱购买

成套的小人书，比如《西游记》《水浒传》《三国演义》《岳飞传》《杨家将》等。每当买到了全套的小人书，我就拿到同学面前去炫耀，感觉非常开心。

那时的黑白电影和小人书陪伴我成长，丰富了我的童年和少年生活，也锻炼了我讲故事的本领。从小学一年级到六年级，我身边都不乏追随者和仰慕者，小伙伴们喜欢围着我听我讲故事，而故事的内容大都来自我看过的黑白电影和小人书，有时候讲到兴奋处，我难免会添油加醋、胡编乱造一通，但是小伙伴们依然听得津津有味。

到了初中阶段，因为家里经济条件不是很好，买书有点困难，我就向同学借书来阅读。那些散文集或者长篇小说都非常吸引我，我感觉那些书籍就是一个全新的世界，深深吸引着我如饥似渴地阅读。记得有一次我好不容易从同学手中借到了周立波写的《暴风骤雨》，晚上打着手电筒一看就

是半夜。那时我的记忆力很强，看过的小说，大都可以把其中的人物故事完整地叙述出来。

上高中后，我被推荐到学校图书馆担任图书管理员，负责整理和借阅各类图书、报刊。那时的我，如同鱼儿入水一样兴奋，课余时间经常在图书馆度过，尽情地汲取知识的营养。那种美好的感觉让我似乎一夜之间长大了、成熟了。

高中毕业后，我在家乡担任民办教师一年，除了认真完成教学任务，我从其他老师那里借来《红楼梦》等中国古典四大名著，潜心阅读，逐步形成了自己的人生观、价值观。

参军到部队服役期间，阅读始终陪伴着我成长。38年的军旅生涯，一路走来，很多书籍和报刊都是我的伙伴。进入晚年的军休生活后，我通过阅读，慢慢爱上了写作，在《中国老年报》《乐龄悦读》等报刊上，留下了我点点滴滴的感悟文字。我品味和享受着阅读带来的幸福快乐，内心充满对阅读的敬畏与感恩。

时光荏苒，岁月如梭。在阅读之路上，一本好的书籍，始终是我爱不释手的"宝贝"。虽然我已从当年那个痴迷黑白电影和小人书的懵懂顽童，变成了年过花甲的老年人，但是唯一不变的，是一腔热衷于阅读的真诚和热情。我想，这份真诚和热情，无论世事沧桑，无关风花雪月，无意功名荣辱，却始终是那么单纯，那么热烈，那么持久……

## 摄影天地

吴凯玲摄影作品

# 我在坦桑尼亚的日子

齐生平

2002年，我被国防部外事办公室选派，担任中国高级军事专家组组长，暂时离开国防大学的教学岗位，前往坦桑尼亚，承接培训坦军中高级军官的援外任务。在近两年的援坦工作中，我切身感受到坦桑尼亚军队和人民对中国的热爱，体会到中坦两国在长期交往中结下的深厚友谊。

赴任之前，校有关领导嘱咐我，一定要去看望在国防大学外训系（现为国际防务学院）学习过的学员，带去校首长和全校人员对他们的关怀和问候。为此，我首先拜会了坦海军司令员利萨卡夫准将。一见面他就回忆起在国防大学学习时的情景，时隔多年之后，他还清楚地记得他们那期学员队的队长和许多中国教官的姓名。他说："我在学习时算不上是好学员，但我在那里的所见所闻和所学到的知识，使我深信你们富有学识，工作勤奋，你们到这里协助我们培训中高级军官，一定是最为称职的。"接着，他又指着海军司令部的大楼说："你

看，今天我们海军司令部的大楼很气派，这是中国援建的。原来这个地方只是个小渔村。"

说到中坦友谊，司令很自然地谈起了坦赞铁路，他说："坦中两国的友好交往可以追溯到20世纪60年代，中国给了我们许多方面的援助，特别是帮我们修建了坦赞铁路。当时我们寻求西方国家的支援，他们说我们这里修不了铁路，拒绝了我们的请求。中国主动提出帮助我们修，我们永远也忘不了你们！"说到这里，司令的声音有些哽咽。停了一会儿他又说："铁路交给我们之后，由于管理不善，经济效益一直不好，西方国家想趁机收购它，但坦桑尼亚人民不答应，我们希望再把它交给中国，让中国来经营。中国能把铁路修好，也一定能帮助我们把铁路管理好和经营好！"

交谈中，司令还讲起一件事：坦国防军总司令是他的老朋友，总司令刚上任时他曾去看望。总司令当面对

他说："我知道你在中国学习过，你熟悉中国军人，他们也了解你，你要帮助我照顾好在我们这里工作的中国军事专家，否则你我就不是老朋友了。"为此，他希望我们有什么困难都随时告诉他，他一定尽力创造条件，让我们在这里生活得更好一些。

最后我请司令和我们专家组成员合影留念，并欢迎他再次来中国。他高兴地说："不论什么时候去中国，我都会马上出发。只要说去中国，在坦桑尼亚谁都不会有任何犹豫的！"说完，他爽朗地笑起来。

我在坦桑尼亚直接的工作伙伴是坦军国防研究学院院长塞尼上校。他有着高高的个头，总穿着一身整洁的军装，工作起来一丝不苟，是个严谨、敬业、具有良好军事素养的军官。同时他又非常谦虚，很注重向中国专家学习。和他一起工作非常愉快，每期培训班都是我们共同制订计划，共同备课和授课，共同到现场指导作业。

一次，在桑给巴尔岛现场作业后，他特别邀请我为这次作业讲评。我在讲评中肯定了现场作业取得的成绩，并结合实际情况，阐述了朱德元帅关于"对什么敌人打什么仗；在什么时间地点打什么仗；有什么武器装备打什么仗"的战略思想。他听后很感兴趣，认为这是学院现场作业中最生动的一次讲评。在返回学院的路上，还就此事和我谈了很多，他认为中国先进的军事思想和军事理论，对坦军的教育、训练和作战，具有很好的借鉴及指导作用。他还和我一起探讨了如何做一名称职军官的问题。他强调有三点是必须具备的：一是服从上级命令不打折扣；二是具备一定的军事知识和指挥能力；三是坚决完成各项训练和战斗任务。说到这里，他狡黠地笑着问我："对于你们中国军官来说，恐怕就不止这三条了吧？"

后来塞尼上校晋升为准将，并离开院长岗位调到其他地方任职，我们见面的机会就少了。2003年夏，国防大学代表团访问坦桑尼亚，我在达累斯萨拉姆机场迎接代表团时，意外地见到了塞尼，原来他作为接待国防大学代表团的全程陪同官，也来机场执行任务。我们见面后热情地交谈起来，他告诉我，他曾经代表坦军与几十个国家的军队代表，到中国观摩了中国军队举行的一次较大规模的诸军兵种协同作战演习。演习中展示的中国军队现代化建设的巨大成就，令他感到振奋，他说要认真学习中国军队现代化建设的经验，把坦军建设好、训练好，为维护国家安全和东非大陆的和平作出贡献。

在坦桑尼亚工作的日子里，我们专家组发扬艰苦奋斗精神，认真授课，精心施教，坚持把讲堂作为巩固与发展中坦两军友谊的舞台。在这个舞台上，我们介绍中国古代的兵书兵法，讲述毛泽东军事思想，宣传中国国防与外交政策。坦军学员和教官也在这个舞台上，向我们表达了对中国军队和中国人民的深厚感情。

2003年10月17日，我们授课的讲堂一片欢腾。坦军学员教官纷纷与我们握手，和我们拥抱，祝贺我国载人航天事业取得成功。坦军学员西蒙尼中校说："你们的成功让我们也感到骄傲，我们的腰杆也硬了，中国真了不起！"2004年6月3日，我在讲堂上刚要授课，坦军学员班长姆夸瓦中校就站起来说："对不起中国专家组组长，我先打扰一下，请允许我代表全体学员向中国朋友表示衷心感谢！"接着他讲述他们的姆卡帕总统在中国上海出席全球扶贫大会，受到了国家主席胡锦涛的亲切接见。胡锦涛答应为他们提供援助，帮助他们发展贫困地区的经济。课间休息时，坦军教官卡朋达上校又动情地说："中坦两国不仅是朋友也是兄弟，兄弟比朋友更亲密。朋友加兄弟的友谊，就像是一棵常青树，永远枝繁叶茂常绿常青！"

在坦桑尼亚近两年的工作中，坦军对我们专家组的生活非常关心。坦军总部给我们配备了2台越野车，派出4名士兵为我们服务，还调来1名中尉军官做我的联络官，协助我处理各方面的事务。坦军国防研究学院把最好的教学仪器设备给我们使用，调最好的司机为我们开车。野外作业时他们的学员和教官住帐篷，而安排我们住当地的旅馆，我们驻地的房屋水电出现故障，他们总是及时派人上门检查维修。

在每一期培训班结业时，坦军国防研究学院都邀请我们参加他们的联欢会，让我们和他们及他们的夫人，一起分享结业的快乐。在这种场合，我们都会向他们及他们的夫人赠送一些小礼品，并表演个节目，唱几支中国军歌助兴，联欢会上不时响起一阵阵掌声和欢呼声。

祝愿中坦两军和两国人民的友谊之树，常绿常青！

# 保加利亚：
## 巴尔干半岛的「玫瑰古国」

朝阳 文／摄

在去保加利亚之前，几位经常出国游玩的驴友就曾告诉我，这是一个不大的国家，半个月的时间大概就能跑遍了！但我这趟丰富多彩的保加利亚之旅，花了半个月，不仅没有跑遍这个地处巴尔干半岛的小国，而且只去了保加利亚中心的一小部分，然而，我却已经被它深深迷醉了！

作为摄影家和自由撰稿人，我一直喜欢漫游，而这个国家丰富的旅游资源，古老的历史遗迹，质朴的百姓……都令人流连忘返。对于保加利亚，这个盛开着玫瑰的芬芳国度，我们中国人知之甚少。

### 索菲亚和里拉修道院

在希腊的北边，比邻着一个"玫瑰王国"，它就是保加利亚，那里有古色雷斯人遗留下来的神秘爱情方程式，有古保尔加人横渡黑海向普罗夫迪夫挺进的憧憧身影。

"巴尔干山耸云空，蓝色多瑙波涛涌，太阳照耀色雷斯，庇林浮现紫霞中。"保加利亚国歌《亲爱的父母邦》歌词的开头，如同灯谜一样勾勒出了该国的地理位置与人文起源。这个位于巴尔干半岛的国度历经漫长岁月的浸润与多元文化的洗礼，是一个绝对冷门小众，而又惊喜多多的旅游目的地！

因为地处欧亚非大陆的交叉口，保加利亚历史上曾被各种势力交替统治，它们留下了极为丰富的文化遗

巴尔干风情

海岸风光

产。在这里，你可以看到色雷斯时期的古墓、古罗马时期的剧场、拜占庭时期的千年壁画、中央圆顶的东正教教堂、浓郁土耳其风格的清真寺，还有带着社会主义元素的苏式建筑、纪念碑和废弃建筑上五彩斑斓的涂鸦……

作为海拔550米的首都大城市，索菲亚（Sofia）完全没有巴黎、伦敦等大国首都的躁动，它安静、整洁，让人有一种触手可及的亲近感，也就平添了几分喜欢。

在细雨中走进索菲亚的街巷，亚历山大·涅夫斯基大教堂倒映在广场的雨水中。这座保加利亚最古老的大教堂内部堪称奢华，不过更让人喜欢的是这里的氛围。

周末的早晨，教堂仿佛是一座音乐厅，正在上演一场免费的现场音乐会，乐队伴奏、唱诗班领唱、晨祈的人们合唱，犹如天籁一般。我竟然在这里静静听了一个多小时的音乐。

沿着一条不知名的街慢慢走下去，在一个小广场上的露天书市里，竟站立着许多冒雨看书的人。路旁的广告屏不停地翻动着各种玫瑰产品，仿佛是在提醒你，这里是"玫瑰之国"的首都。街道两旁，居然隐藏

亚历山大·涅夫斯基大教堂

东正教教堂

索菲亚班亚巴什清真寺

着不少小剧场，有些门前竟然还排着队。这些年，索菲亚受到好莱坞导演的关注，成为东欧又一个电影基地，"戏剧式"电影似乎也越来越流行。走进一家小咖啡馆，老板好热情，给了我一张卡通地图，上面有很多非主流的好玩去处，不是旅游景点，但反而更有趣。

索菲亚小街的街景

索菲亚城市风光

歌剧院广场，是我最喜欢的地方之一，也是市民们喜欢的休闲场所。孩子们在喷泉周围疯狂嬉戏，一个小型的图片展正在角落举办，不过这些图片中没有大师的作品，都出自普通人之手，讲述的也是普通人的亲情故事。广场一旁，是大片碧绿的草地，一个小小少年，就在草地中的一棵大

里拉修道院

树上爬上爬下，玩得不亦乐乎。

没有哪座城市的男人，像索菲亚男人一样热爱下象棋。街头巷尾，总能看到两个索菲亚男人，为一盘棋争得面红耳赤。最有趣的一次，见到两位老爷爷，每人拿一个小时钟计时，分秒必争的认真模样，让围观的我忍俊不禁。

Vitosha Blvd（维托沙步行街）是索菲亚的时尚风向标。尽管整个保加利亚都少见国际大牌，但走在Vitosha Blvd街上，总能遇到穿香奈儿的时尚女郎，或者见到停在街角的豪车。街的两侧，不仅有各种时尚门店，还有数不清的餐馆、咖啡馆，随便找一家，坐下来喝杯咖啡，看看街上熙来攘往的保加利亚人，或者跟旁边的年轻人搭个讪，也许是一个美妙故事的开始。

国家图书馆

光影、Hreliov's 塔身上的浮雕、修士宿舍的木质拱窗、阳台外盛开的鲜花……组合在一起，是一幅震撼人心的保加利亚艺术画卷。

慢慢走近教堂，从内而外，那些精美的壁画让人叹为观止。偶尔有一两位修士在为朝拜者授业解惑，宿舍的雕花台阶上，慢慢走下清修的客人……直到今天，里拉修道院的300多间修士宿舍，依旧对所有朝圣

索菲亚其实还有不少古迹，譬如巴尔干最大的犹太会堂、最大的东正教堂、土耳其人留下的清真寺……它们散布在街头巷尾，要耐心地慢慢寻找。

位于索菲亚以南约120千米、坐落在里拉山深处的里拉修道院，是一座始建于公元10世纪中期的新拜占庭建筑，几个世纪以来，一直都是保加利亚民族复兴的象征。这里不仅珍藏着许多民族文化的珍宝，还有很多保加利亚的文人墨客到这里学习。在漫长的土耳其人统治时期，里拉修道院更是成为众多保加利亚名人的藏身之所。

里拉修道院，外观看上去更像一座堡垒，高达24米的院墙，呈不规则的五边形。一进大门，修道院的一切映入眼帘：圣母诞生教堂柱廊的

修道院古井

大特尔诺沃的古堡

者开放。

我问修道院的工作人员，一位很和善的老人，普通游客可以住在修道院吗？如果有机会能体验修道院傍晚的肃穆庄严以及早晨的云淡风轻，一定能让人内心平静。没想到，老人告诉我，修道院真的可以接受普通游客住宿。如何知道一个人是真的想清修或者仅仅只是猎奇？老者慢悠悠地答道：在这个一切都如快餐的年代，如果一个人肯慢下脚步来我们这里小住，这种猎奇已经是清修的开始了。

## 大特尔诺沃历史的丰碑

500年的统治，使土耳其人给这个国家留下许多痕迹，无论人们多么不愿意提及，这里依旧有许多抹不掉的奥斯曼帝国痕迹。当我走进大特尔诺沃（Veliko Tarnovo）的家庭旅馆时，热心的主人安东连忙端上一杯土耳其咖啡，那种带着颗粒质感的涩苦，让我立刻从燥热的昏沉中清醒过来。

没有急着去景点，我坐在客厅，听安东给我讲述这座城市的历史。保加利亚中北部的大特尔诺沃，是一座不折不扣的山城，位于查雷维茨山

保加利亚玫瑰节

和特拉佩济察之间，地势险要，不仅曾经是保加利亚第二帝国的首都，在中世纪还是仅次于君士坦丁堡的巴尔干半岛的第二大城市。位于山顶的城堡、山顶的阿森纪念碑、河畔的修道院，都成了这座城市的丰碑，记录着抗击土耳其人的历史。

清晨，一缕阳光从窗帘缝中照到床上，起身拉开窗帘，眼前的风景让我惊喜：起伏的山间一片雾霭，山顶的城堡、山间的教堂，还有山谷里若隐若现的杨特拉（Yantra）河，让我忍不住对这座城市产生好奇，于是我抓起相机，走进了这座山水间的城市。

大特尔诺沃老城中有两条古老的街——Gurko（古尔科）和Samovodska Charshiya，也是这座城市最吸引我的所在。街道两侧的老房子鳞次栉比，都建于18—19世纪保加利亚的民族复兴时期。Samovodska Charshiya街上的老房子，如今都变成各色的店铺，有画廊、古董店，也有二手店、旅游纪念品店。虽然游客很多，但店主绝不趋炎附势地攀谈或主动打招呼，让人感觉有些小小的清高，这或许是保加利亚人的民族性格？

与Samovodska Charshiya相比，Gurko十分安静，老房子依山而建，层层叠叠的，有很多枝杈。沿着山间的台阶上上下下，就会走到另外一户人家。每一个挂着鲜花的阳台和每一扇窗子，都可以俯瞰杨特拉河。偶尔有几个孩子跑过，笑声就会沿着屋檐绕梁而去。一位提着水壶的老奶奶，悠然地给街道两旁的花池浇水，阳光洒在老人的身上，让她看上去那么慈祥。时光在这条街道上，犹如老人的动作一般，慢得似凝固了，耳边只回响着浇花的水流声。

我意外发现，大特尔诺沃是一座喜欢涂鸦的城市。街巷中随意的角落，都会有涂鸦带来的惊喜，它们让那些枯燥无聊甚至影响观瞻的变电箱、垃圾桶，都变得生动有趣，连我被罚款的停车场，都画着有趣的涂鸦，这让人看到了一座轻松诙谐的城市。一座对涂鸦有着包容心的城市，必定也会对文化兼收并蓄。果然，我在河畔发现了孔子学院。

傍晚时分，坐在Samovodska Charshiya街上最老的宅院中，吃一餐最正宗的保加利亚美食，品一杯保加利亚美酒，微醺中，酒不醉人人自醉。

### 梦寐以求的卡赞勒克玫瑰节

可以毫不夸张地说，卡赞勒克玫瑰节，一定是全球最著名的玫瑰节之一。它的规模空前盛大，以致我在这里见到了这辈子见到的官职最高的"大人物"——保加利亚总统。我在浑然不知中，与这位亲民的总统握手、拍照、聊天，直到看见两个身材粗壮的人簇拥着他离开，身旁的保加利亚人告诉我，那是他们的总统。

每年6月的第一个周末，全世界最负盛名的卡赞勒克玫瑰节都会如期举行。自创立以来，它已经走过了113年，几乎每一年，政府的高官都会亲临会场，在开幕式的采摘仪式或者闭幕式的玫瑰巡游中现身。吸引了无数游客和商人。大马士革玫瑰，来自遥远的叙利亚，却扎根在保加利亚，并为这个国家带来了前所未有的

卡赞勒克玫瑰节开幕式

玫瑰经济。

玫瑰节期间，整座城市热闹得就像个大庙会。市政厅前，孩子们在跳广场舞；步行街两旁，摆满了各种摊档，人们售卖的商品五花八门，但它们却有一个共同的主题：玫瑰。玫瑰绘画、玫瑰饰品、玫瑰木雕、玫瑰精油等。街边餐厅的桌上摆着玫瑰花、纸巾上印着玫瑰花，甚至还为游客免费提供玫瑰冰激凌！

从星期五开始，持续3天的玫瑰节，每天都会有各种各样的"玫瑰秀"，傍晚的民俗音乐表演，步行街上的玫瑰美食节、玫瑰艺术展等。最不可错过的，当然是清晨玫瑰花田里的采摘仪式：当地的姑娘小伙们身着传统的民族服饰，头戴玫瑰花、手拿玫瑰花篮，不停地抛撒玫瑰花瓣；一位老爷爷对空鸣放礼枪，并向游客身上喷洒玫瑰花水，游客们还会被邀请一起跳起欢快的霍罗舞……

采摘仪式还没有结束，大家又要赶回市区，参加马上开始的玫瑰巡游。巡游队伍在漂亮的玫瑰皇后引领下，依次从街上走过。巡游的队伍好长，感觉整座城市的人们都在巡游队伍中，譬如种植玫瑰的农户、学校的孩子、棒球队的小伙儿们、体操队的

在玫瑰谷采花的美女

姑娘们……当然，最引人注目的还是玫瑰皇后，每当她的花车从面前经过，人们的欢呼声、口哨声都会响成一片。每年的玫瑰皇后都是民众选出来的漂亮女孩，我给她拍了很多照片，的确是个像花一般美丽的姑娘！

玫瑰市场中，自然全是琳琅满目的玫瑰制品，从各种级别的玫瑰精油、香水、护肤制品，到手绘玫瑰瓷砖、木勺子、服装……我敢说，这里绝对是游客购买礼品的天堂！

在玫瑰市场，我还遇到了漂亮的母女三人，两个女儿在售卖自己手绘的玫瑰明信片，我买了几张，很美，表现的是那种单纯美好的女孩子心里的浪漫世界。我跟20岁的大女儿聊了很久，她说她的梦想是去中国学古典艺术！

# 俄罗斯联邦，独具魅力的北国风光

刘　颖

我认识俄罗斯是从小说和电影开始的，而对苏联时代的印象则始于学生时代。应该说，俄罗斯对于像我这样年龄的人来说并不陌生。我们这一代人，从小就是看着苏联的连环画和电影《列宁在十月》《列宁在1918》长大的，我们从中知道了在这片广袤的土地上爆发过著名的十月革命，并由此诞生了第一个社会主义国家。从这里发射了世界上第一颗人造地球卫星、第一艘宇宙飞船。通过《上尉的女儿》、《安娜·卡列尼娜》和《海燕》等作品，我们认识了这里的普希金、托尔斯泰、高尔基等闻名世界的文学巨匠，那句"牛奶会有的，面包也会有的"的名句至今让人津津乐道。那时，我们唱着《山楂树》的歌曲，荡漾在《多瑙河之波》上，向往着《莫斯科郊外的晚上》。这种难以忘怀的俄罗斯情结，终于让我在半个多世纪后的某个秋天踏上"圆梦之旅"。

俄罗斯联邦横跨欧亚大陆，其欧洲部分的领土大都在东欧平原，首都莫斯科位于俄罗斯联邦欧洲部分的中部，第二大城市圣彼得堡位于其北部。

## 走进莫斯科

莫斯科建城至今已有800余年的历史，市名来自莫斯科河。13世纪初期建立了莫斯科公国的都城；1712年彼得大帝迁都圣彼得堡。1917年十月革命成功后，苏维埃政府和苏共中央委员会从圣彼得堡迁到莫斯科，1922年莫斯科正式确立其首都地位。第二次世界大战中，著名的莫斯科保卫战，被称为20世纪"一个冬天的神话"。1991年12月苏联解体，莫斯科仍为俄罗斯联邦的首都。

莫斯科的建筑以宏伟壮观、气势磅礴而享誉世界，越接近市中心，这种感觉就越强烈。建筑物、绿化与环境、与人和谐相伴，整个城市格调典雅、庄重又不失富丽、娇媚，显示出深厚的人文底蕴和非凡气质，对于匆匆而过的观光客，一切都可谓纷至沓来，让人目不暇接。出发时太阳出来了，是个晴天，气温在20℃上下，空气清新宜人。从车窗望去，比在飞机上俯瞰莫斯科更真切。这是地球上绿化最好的城市之一，葱绿的树林一片片闪过，街上行人不多，远谈不上熙攘。

克里姆林宫和我国的故宫一样举世闻名。这是历代沙皇的宫殿，气势雄伟壮丽。苏联的最高苏维埃代表大会和苏共代表大会都在这里举行。克里姆林宫其实是一座城堡，由一座座精美且金碧辉煌的教堂、宫殿、塔楼等构成，一个个高高的塔尖上顶着五角星，灿烂的阳光衬托得这些五角星格外醒目。据说普京的办公室就在里面。

克里姆林宫不仅是历代的政治中心，也曾是东正教的活动中心。其东侧是红场，"红场"在俄语中是"美丽的广场"的意思，占地面积9.1万平方米。红场的西面是克里姆林宫的红墙及三座高塔，南面是西里教堂，北面是历史博物馆。红场西侧的中央是列宁墓，斯大林等苏联领导人长眠在其墓后的红墙下。从13世纪起，克里姆林宫就与俄罗斯的所有重大历史事件有关。广场不算大，内容却十分丰富。然而，传统文化的延续和现代文明的交融，在这里同样存在。无论这些人在位时的作为是什么，他们都作为历史的参与者被安放在红场陪伴着俄罗斯联邦人民。

莫斯科大学巍峨壮观，没有围墙，其建筑的顶端是五角星徽标，整个建筑气势磅礴。这里出了不少诺贝尔奖获得者，还有世界顶级科学家、学术带头人。"世界是你们的，也是我们的，但归根结底是你们的，你们青年人朝气蓬勃，正在兴旺时期，好像早晨八九点钟的太阳。希望寄托在你们身上。"1957年11月，毛泽东同志在莫斯科大学发表的著名讲话，深切鼓舞了新中国青年人才爱国奋斗、勇攀高峰的热情。2017年12月，在这段著名讲话发表60周年之际，习近平总书记在给莫斯科大学中国留学生的回信中勉励留学青年："希望你们弘扬留学报国的光荣传统，胸怀大志，刻苦学习，早日成长为可堪大任的优秀人才，把学到的本领奉献给祖国和人民，让青春之光闪耀在为梦想奋斗的道路上。"在百年奋斗的历程中，我们党始终重视培养人才、团结人才、引领人才、成就人才，团结和支持各方面人才为党和人民事业建功立业。

在莫斯科，如果没有坐一次地铁绝对是一大遗憾，莫斯科的地铁站因为其超高的颜值，被誉为世界最美地铁站之一。莫斯科地铁始建于1935年，有近200座站台，出于军事所需，这些站台都建于深50米，甚至百米以下，可同时容纳400万人掩蔽。每一个站台都由著名设计师单独设计，式样独特，不尽相同。地铁站就像一个藏在地下的巨大的童话迷宫，低调奢华的复古设计风格，华丽而充满了神秘感。这里虽然只是行人们匆匆而过的地方，却成了美丽的艺术宝库、壮观的地下宫殿，凡是来到莫斯科参观地铁的旅客，无不为这一人类的奇迹而惊叹！我们虽然难以赏遍莫斯科全部的地铁站台，但只进入其中三站，就已领略了它的艺术之美，欣赏了它的壮观场景，留下了美好难忘的记忆。

### 初识圣彼得堡

圣彼得堡是一座充满艺术文化气息、很有历史感的城市，具有"水城"之称。它分布在44座岛屿上，由580多座桥梁连接，其中20座为开合桥（7座跨越涅瓦河）。据说若是遇到开桥，能看到大桥中央的两段桥跨吊在空中，只见那巨大的钢铁大桥宛如奔马般扬起前蹄，让滞留的船舶顺利驶向芬兰湾，场景极为壮观。在圣彼得堡最为著名的就是涅瓦河，最好的景点如宫殿、教堂、学院，彼得大帝青铜骑士像、彼得堡罗要塞、夏宫、冬宫犹如颗颗珍珠镶嵌在涅瓦河两岸。我们每天都要来回经过涅瓦河，漫步在涅瓦大街上，仰望蓝天上白云悠悠，阳光明媚，欣赏着两岸色彩丰富的建筑，精致的雕塑，听它们诉说自己的故事，无处不充满了浪漫与风情。

涅瓦河北岸的兔子岛上就是彼得要塞。1703年，为了防备瑞典对俄罗斯新首都的袭击，彼得大帝将自己的佩剑插入地下，确定了其要塞的位置。1717年彼得要塞失去了军事意义，此后成为国家监狱，用以收押政治犯。它宽厚的墙壁里筑有许多暗炮台，以及阴沉、寒冷的单人囚室。从长长的在押犯人名单中，可以找到许多名人的名字：拉吉舍夫、车尔尼雪夫斯基、高尔基等。

圣彼得堡必打卡的地标之一是冬宫。冬宫是世界四大博物馆之一，近乎完美地诠释着巴洛克风格。冬宫原为沙皇的皇宫，十月革命后辟为圣彼得堡国立艾尔米塔什博物馆的一部分。里面珍藏了无数价值连城的世界级艺术名品，珍藏数量之浩瀚，令人赞叹。400个展厅和陈列室中，古希腊的瓶绘艺术、古罗马的雕刻艺术和西欧艺术三部分藏品在世界收藏界享誉盛名。看到达·芬奇、毕加索、拉斐尔的《圣母丽达》《喝苦艾酒的女人》《没有胡须的神圣家族》等画作，让人很是震撼，也许这就是艺术的魅力吧。冬宫博物馆的广场中央是亚历山大柱，为纪念亚历山大一世率俄军战胜拿破仑军队这一伟绩而建。柱高47.5米，直径4米，重600吨，用整块花岗石制成，不用任何支撑，完全是靠自身重力矗立在那里，从未倒过。真是建筑史上的一个奇迹。

有着黑色船体的阿芙乐尔巡洋舰静静地停泊在涅瓦河畔。这艘留在儿时记忆中的、有着光荣革命历史的舰船，于1917年11月7日奉命开炮，发出进攻冬宫的信号。一声炮响，俄国取得了十月革命的胜利，给我们送来了马克思主义。从此"阿芙乐尔号巡洋舰的炮声"成为十月革命的象征。尽管现在人们对此有不同的说法，但无论如何，我都觉得俄国布尔什维克在十月革命中取得的胜利是伟大的、划时代的。

坐落在芬兰湾南岸森林中的夏宫，是彼得大帝在位时修建的皇家园林，因为出自法国设计师之手，所以其充满了法式园林的味道。秋天非常适合在夏宫里游玩，宫内有60多处用纯金打造的喷水池，豪华又壮观！夏宫分为上花园和下花园两部分，景色非常优美。

叶卡捷琳娜花园是叶卡捷琳娜二世修建的，茂盛的参天大树郁郁葱葱，湖水倒映着宫殿和教堂，还有各种各样的雕塑，令人心旷神怡。而精致的叶卡捷琳娜宫就在花园内，这里最神奇的就是琥珀厅，其内部通体由琥珀和黄金装饰而成，金碧辉煌，极度奢华。

唯美景与美食不可辜负！而涅瓦河游船把美景与美食合二为一，涅瓦河上是观赏美景最好的角度，所以我们毫不犹豫地选择了涅瓦河游船。游船上，热情好客的俄罗斯人向我们鼓掌、唱歌，他们走上舞台，手风琴开始演奏，激情的音乐响起来，人们边唱边跳，豪放地唱着自己民族的歌曲，不时邀请游客一起跳舞、拍掌。俄罗斯的舞蹈很随意，也很能带动游客。伴着俄罗斯歌舞，我们一边喝着香槟、伏特加，品尝着鱼子酱和当地水果，一边欣赏着沿岸风光，或是品味千姿百态的桥梁。在游船的二层，望着这座古老的城市，徐徐的微风吹在脸上，犹如身在仙境一般，是一种极浪漫的体验。

圣彼得堡的天气变化无常，上一秒还是晴空万里，转眼的工夫就阴云密布。圣彼得堡真的很小，但小而精悍，果然是曾经的皇朝帝都，就是不一样!

## 神圣的教堂

俄罗斯联邦是个多民族国家，幅员辽阔，资源丰富，民族个性极具特色! 俄罗斯居民主要信奉东正教，其次为伊斯兰教，其余为天主教、犹太教、佛教。在俄罗斯，各色教堂林立，气势宏伟，数不胜数，内部装饰尤其精致细腻，或壁，或顶，或雕塑，或油画，美轮美奂，其中倾注了俄罗斯人民极大的精力、财力和他们的特殊情感。

谢尔盖耶夫镇是一座建于14世纪初的莫斯科卫星小镇。当初年轻的谢尔盖来到这片荒凉之地，在极端艰苦的条件下筹建了东正教的修道院。现在这里虽已拥有不少现代工业，并有很多博物馆、艺术院校等机构，但还是以谢尔盖命名，以修道院著称，这里已成为东正教的修道中心，莫斯科的宗教大学也坐落在这座美丽的小镇上。

喀山大教堂，这个典型的俄式教堂里供奉着俄罗斯人认为的最灵验的喀山圣母像，传说其在历史上多次显灵。沿着博耶多夫运河行走，就会看见圣彼得堡的另一大热门地——滴血大教堂，作为传统东正教堂的代表，里面铺满了色彩艳丽的马赛克砖，墙壁上还有浮雕和金箔。更精妙绝伦的是，整个教堂都是用半成品的宝石建造而成的，华丽至极，值得一看! 这里是亚历山大二世遇刺身亡的地方，其儿子继承皇位后常来这里祈祷，所以也称复活大教堂。

圣瓦西里大教堂，是俄罗斯东正教最华丽的建筑之一。它是伊凡四世为了纪念1552年战胜喀山鞑靼军队而下令建造的。当你看到这座教堂，就会被它独特的建筑风格吸引。这座教堂的中间是一个带有大尖顶的教堂冠，8个带有不同色彩和花纹的小圆顶错落有致地分布在它的周围，再配上9个金色洋葱头状的教堂顶，绝妙无比。莫斯科最大的"救世主大教堂"，据说光内部雕塑装饰就耗时17年之久，是俄罗斯联邦最宏伟的建筑之一。圣母升天大教堂是历代沙皇举行加冕礼，参与祈祷的地方。坐落于圣彼得堡的金顶大教堂是世界四大教堂之一，仅凭外部百余根花岗岩圆柱就足够吸引眼球，其中48根柱高17米，直径2米，单重百余吨，堪称世界廊柱之最。

在俄罗斯联邦，每一个小镇都有信徒们的朝拜之地，每座教堂虽属同一种信仰，却都有自己的故事和经历，有自己的意义和价值。

因时间仓促，赏不尽林立的教堂，粗劣的文字更难以描述它们的丰富内涵和精致全貌。短暂的行程使我们只能领略皮毛，余下的唯为俄罗斯人骄傲！没有想到俄罗斯这么漂亮，它的建筑、雕塑既有欧式巴洛克风格，又有俄式的"洋葱顶"特色，但是在色彩上要更漂亮些。有人说冬宫博物馆略逊巴黎的卢浮宫，但我说夏宫要胜过凡尔赛宫。

这次俄罗斯联邦之行，使我们无不为宫殿的内外装饰和陈列深深震撼，语言都无法形容身处现场的感觉，留下了很多耐人回味的场景。

游览了贝加尔湖后，俄罗斯联邦之行进入了尾声。在一个十分别致、墙上画满了幽默有趣的壁画的俄式餐馆里，导游特意安排了俄罗斯歌舞表演者与我们互动，这是此次旅行的最后的晚餐。

吃饭也是一种乡愁。由于我们是跟团旅行吃团餐，在圣彼得堡和莫斯科多数都是吃俄餐。说实话，俄餐既难吃又吃不饱，偶然遇见中国餐也是将就着吃。早餐是酒店提供的免费西餐，凭房卡便可进入餐厅，相对于俄餐，有面包、酸奶、酸黄瓜，还有奶酪，真是太好吃了！在国外旅行的十多天里如果能吃上一顿正宗一点的中国餐，都会是一种温馨和感动，因为不管走到天涯还是海角，我永远都有一个中国胃。

十多天的俄罗斯联邦之旅，让人感触颇深，给我留下了许多值得留恋的记忆。去过之后我才发现，其实"战斗民族"也有着可爱迷人的一面，俄罗斯人民对历史的尊重，对国家的热爱，对民族的自豪感都让人印象深刻。

我觉得，出国旅游不仅仅是观光、游览，抑或是购物，很重要的是还要体会不同文化下的人民生活的异同、优长，要学习、要取长补短，把我们的国家建设得更好。同时，我也深深地体会到，旅游真是个体力活，特别是对我们这些身体机能正在衰退的老阿姨来说，更是一种考验。但旅游更是一种放飞自己、放松身心的奇妙体验，带给我们更多的能量。希望我们都老当益壮、身体倍儿棒、吃嘛嘛香，永远有体力、有闲情去旅游，毕竟外面的世界那么精彩。

再见了，美丽的俄罗斯联邦。

# 亦道春风为我来

黄　诚

那座桥，
那条河，
那片油菜花，
一直留在我脑海中。

——题记

白居易在《春风》一诗中写道：
春风先发苑中梅，
樱杏桃梨次第开。
荠花榆荚深村里，
亦道春风为我来。

在他笔下，村花村树都是有生命有感情的，春风过处，不管是园中名卉还是村头野花，都不会错过春风带给自己的花信，而春风也从不厚此薄彼，使它们呈现一派欣然之象。

春风拂过三月的乡村，正是各色"村花村树"竞相登台的时候，而这十来天里，"村花"油菜花肯定是当之无愧的主角。你瞧，那一片片、一丘丘的金黄，开得那么热情奔放，开得如此整齐划一，装扮了乡村田野，惊艳了早春时光。

上午，我驱车回老家沙塘。这个时节的334省道，简直就是一条油菜花观光走廊，让人目不暇接、心旷神怡。车行至沙河村路段时，我的余光被左侧河边的一片油菜花拉了过去。——这一片花不是种在田里，而是种在河岸上，其形状规格，明显与众不同，依着河岸的弧度和坡度而种，显得更有层次感、艺术感。见此情景，我心念一动，把车拐进了这条被当地人命名为"仲根大道"的村道。

进村数百米，舍车步行。我首先走上了一座桥，桥上赫然刻着三个字：荆林桥。桥下就是沙河，这条发源于紫云峰的小河，汇聚着整个沙塘乡域范围内的水流，行至此处，已经小有规模。由于2023年以来一直鲜有降水，河里整体水量不大，河面的一半被沙丘、水草占领，旁边的田野里，一片一片零星的油菜花正在盛开。

荆林桥南端十来米处有一个水坝，据当地人说，此为孟公坝。坝上有水泥墩，有人在墩子之间放置了木板，使这里成了一条供人行走的便道。虽然水位不高，但由于坝基把水位抬高了，河水从墩子之间漫过，形成了湍急的水流，发出欢快的声响，很远都能听到。

我小心翼翼地从孟公坝的木板上过了河。回头看，静立于河面上的双孔荆林桥，与周边开着油菜花的田野、筑着鸟巢的树木、散落四围的民居融为一体，凭空生出几分美感来。桥与桥洞和其水面上的倒影，合起来活像一双漂亮的眼睛，那"眸"中，荡漾着的正是刚才我在桥上看到的那一片油菜花。我拍下一张照片，取名为"美瞳"，晒到了微信朋友圈，一下子引来各路"英雄好汉"的围观与热议，都说很美很逼真。

过了河，路过一处民居，就到了在省道上看到的那片油菜花的区域了。

远远地看着这片油菜花，只是觉得很有特色，走到近前，才更觉惊艳。

我惊艳于它的规模。远看只是一条带子，近看却是一眼望不到头。一边是沙河，一边是田野，中间的这条河堤，被油菜密密麻麻地、顺其自然地占领了，数百米长不间断，规模大，气势足。

我惊艳于它的形态。它随着河道的弧度而弯曲，就着河塅的高低而起伏，没有固定的形态，也没有呆板的格式，相较于平常看到的一丘田、一块土的规则形状，这片油菜花更有生气与灵气，更具野性与自然美。

我惊艳于它的色泽与香气。油菜花正是盛放的时候，似乎每一朵花儿都在用力地呼吸、卖力地绽开，将它们最灿烂的一刻献给阳光、献给空气、献给春天。微风吹过，一个个枝头竞相摇动，那醇浓的菜花清香，就在这摇动中荡漾开来，让我微醺，让我迷离。

我举起手机，沿着枝头下的小径疾走，想把它们都收进我的镜头中。那高过我个头的花儿，纷纷向我点头，将花粉、花瓣撒落我身。待我反应过来，衣服上竟已"沾花"片片，怎么拍也拍不掉。只得定住脚步，听蜜蜂嗡嗡，看蝴蝶翩翩，赏鸟声啾啾，伴流水潺潺。

白诗云：荠花榆荚深村里，亦道春风为我来。春风，为那深村里的荠花榆荚来，为眼前的这些油菜花儿来，也为沉醉在花海中的人儿来吧？

我淹没在油菜花的金色海洋中，也沉醉在这无边的春色里。

就着春风，闻着花香，我不禁高

声吟诵起宋朝黄庚的《田家》来：

> 流水小桥江路景，
>
> 疏篱矮屋野人家。
>
> 田园空阔无桃李，
>
> 一段春光属菜花。

此时，我人在"流水小桥"边，身处"疏篱矮屋"前，我的周遭，没有桃李，只有菜花，这一幕幕一句句，竟是如此贴切。

循原路钻出油菜花地，看到旁边的民居里走出一位大哥，我迎上去和他打招呼：大哥，这河岸边的油菜花是你家种的吗？

他摇摇头说：是这丘田的主人种的。我们这里的人很勤劳，这片区域，每年都自发地种了油菜花。

我赞叹：那是在你家门口打造了一处绝美的风景啊！

他憨憨地笑了：那确实啊！我们这里，比那些油菜花风景区还好看。

我也笑了，为他点赞。自发自主，勤劳朴实，乐观自信，热爱家乡，不正是新时代新农村新农人应该具备的品性吗？

春风从油菜花海中吹来，吹拂在他的脸上。

## 书画园地

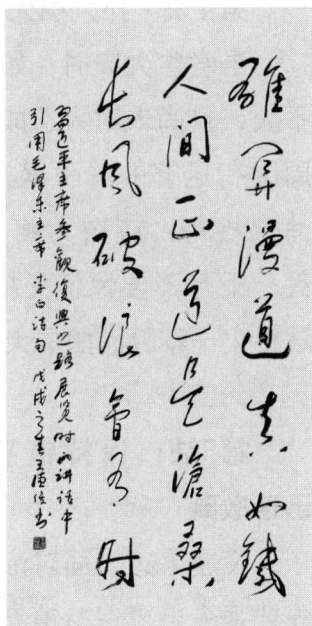

王德俊书法作品

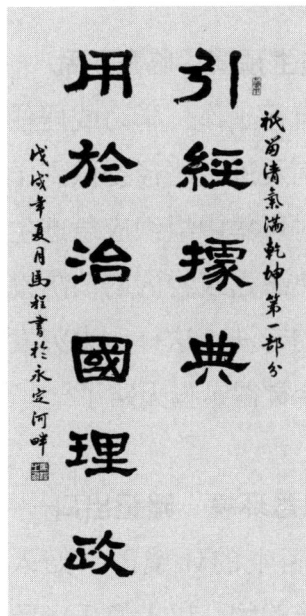

马程书法作品

# 火灾逃生　心里牢记十三诀

欧阳军

每个人都在祈求平安。但天有不测风云，人有旦夕祸福。一旦火灾降临，在浓烟毒气和烈焰包围下，不少人葬身火海，也有人死里逃生幸免于难。"只有绝望的人，没有绝望的处境。"面对滚滚浓烟和熊熊烈焰，只有冷静机智地运用火场自救与逃生知识，才有极大可能拯救自己。因此，多掌握一些火场自救的要诀，困境中也许就能获得第二次生命。

### 第1诀：逃生预演　临危不乱

每个人对自己工作、学习或居住的建筑物的结构及逃生路径要做到了然于胸，必要时可集中组织应急逃生预演，使大家熟悉建筑物内的消防设施及自救逃生的方法。这样，火灾发生时，你就不会觉得走投无路了。

### 第2诀：熟悉环境　暗记出口

当你处在陌生的环境时，如入住酒店、在商场购物、进入娱乐场所时，为了自身安全，务必留心疏散通道、安全出口及楼梯方位等，以便关键时刻能尽快逃离现场。

### 第3诀：通道出口　畅通无阻

楼梯、通道、安全出口等是火灾发生时最重要的逃生之路，应保证其畅通无阻，切不可堆放杂物或设闸上锁，以便紧急时能让人安全迅速地通过。

### 第4诀：扑灭小火　惠及他人

当发生火灾时，如果发现火势并不大，且尚未对人造成很大威胁，当周围有足够的消防器材，如灭火器、消火栓等，应奋力将小火控制、扑灭；千万不要惊慌失措地乱叫乱窜，置小火于不顾而酿成大灾。

### 第5诀：保持镇静　明辨方向　迅速撤离

突遇火灾，面对浓烟和烈火，首先要强令自己保持镇静，迅速判断危险地点和安全地点，决定逃生的办法，尽快撤离险地。千万不要盲目地跟从人流和相互拥挤、乱冲乱窜。撤离时要注意，朝明亮处或外面空旷的地方跑，要尽量往楼下跑，若通道已被烟火封阻，则应背向烟火的方向离开，通过阳台、气窗、天台等往室外逃生。

### 第6诀：不入险地　不贪财物

在火场中，人的生命是最重要的。身处险境，应尽快撤离，不要因害羞或顾及贵重物品，而把宝贵的逃生时间浪费在穿衣或寻找、搬离贵重物品上。已经逃离险境的人员，切莫重返险地，自投罗网。

### 第7诀：简易防护　蒙鼻匍匐

逃生时经过充满烟雾的路线，要避免烟雾中毒，预防窒息。为了防止火场浓烟呛人，可采用以毛巾、口罩蒙鼻，匍匐撤离的办法。烟气较空气轻而飘于上部，贴近地面撤离是避免烟气吸入、滤去毒气的最佳方法。穿过烟火封锁区时，应佩戴防毒面具、头盔，穿阻燃隔热服等护具，如果没有这些护具，那么可向头部、身上浇冷水或用湿毛巾、湿棉被、湿毯子等将头、身裹好，再冲出去。

### 第8诀：善用通道　莫入电梯

按规范标准设计建造的建筑物，都会有两条以上逃生楼梯、通道或安全出口。发生火灾时，要根据情况选择进入相对较为安全的楼梯通道。除了可以利用楼梯，还可以利用建筑物的阳台、窗台、天面屋顶等攀到周围的安全地点，沿着落水管、避雷线等建筑结构中的凸出物滑下楼也可脱险。在高层建筑中，电梯在火灾时随时会断电或因热的作用变形而使人被困在电梯内，同时由于电梯井犹如贯通的烟囱般直通各楼层，有毒的烟雾会直接威胁被困人员的生命，因此，千万不要乘普通的电梯逃生。

### 第9诀：缓降逃生　滑绳自救

高层、多层公共建筑内一般都设有高空缓降器或救生绳，人员可以通过这些设施安全地离开危险的楼层。在没有这些专门设施，而安全通道又已被堵，救援人员不能及时赶到的情况下，你可以迅速利用身边的绳索或床单、窗帘、衣服等自制简易救生绳，并用水打湿衣物后从窗台或阳台沿绳缓慢滑到下面楼层或地面，安全逃生。

## 第10诀：避难场所　固守待援

假如用手摸房门已感到烫手，此时一旦开门，火焰与浓烟势必迎面扑来。逃生通道被切断且短时间内无人救援。这时候，可采取创造避难场所、固守待援的办法。首先应关紧迎火的门窗，打开背火的门窗，用湿毛巾或湿布塞堵门缝或用水浸湿棉被蒙上门窗，然后不停用水淋透房间，防止烟火渗入，固守在房内，直到救援人员到达。

## 第11诀：缓晃轻抛　寻求援助

被烟火围困暂时无法逃离的人员，应尽量待在阳台、窗口等易于被人发现和能避免烟火近身的地方。在白天，可以向窗外晃动鲜艳衣物，或外抛轻型晃眼的东西；在晚上，可以用手电筒不停地在窗口闪动或者敲击东西，及时发出有效的求救信号，引起救援者的注意。因为消防人员进入室内都是沿墙壁摸索行进，所以在因烟气窒息而失去自救能力时，应努力滚到墙边或门边，便于消防人员寻找、营救；此外，滚到墙边也可防止房屋结构塌落砸伤自己。

## 第12诀：火已及身　切勿惊跑

火场上的人如果发现身上着了火，千万不可惊跑或用手拍打，因为奔跑或拍打时会形成风势，加速氧气的补充，促旺火势。当身上衣服着火时，应赶紧设法脱掉衣服或就地打滚，压灭火苗；能及时跳进水中或让人向身上浇水、喷灭火剂就更有效了。

## 第13诀：跳楼有术　虽损求生

身处火灾烟气中的人，精神上往往陷于极端恐怖和接近崩溃之中，惊慌的心理极易导致不顾一切的伤害性行为的产生，如跳楼逃生。应该注意的是：只有在消防队员准备好救生气垫并指挥跳楼时或楼层不高（一般4层以下），非跳楼即危险的情况下，才采取跳楼的方法。即使已没有任何退路，若生命还未受到严重威胁，也要冷静地等待消防人员的救援。跳楼也要讲技巧，跳楼时应尽量往救生气垫中部跳或选择有水池、软雨篷、草地等的方向跳；如有可能，要尽量抱些棉被、沙发垫等松软物品或打开大雨伞跳下，以减缓冲击力。如果徒手跳楼，一定要扒窗台或阳台使身体自然下垂跳下，以尽量减小垂直距离，落地前要双手抱紧头部，身体弯曲蜷成一团，以减少伤害。跳楼虽可求生，但会对身体造成一定的伤害，所以要慎之又慎。

# 助残日：我们该如何向你告白

闫根旺

2023年5月21日是法定第33个全国助残日，主题是：完善残疾人社会保障制度和关爱服务体系，促进残疾人事业全面发展。旨在深入学习贯彻习近平新时代中国特色社会主义思想和党的二十大精神，让关爱之光，照亮每一位残疾人的前行之路。

顾名思义，全国助残日体现了党和国家对残疾人的格外关心、格外关注，也表明了全社会的助残态度。自1991年第一个全国助残日以来，每年都确定一个主题开展助残活动，这些主题贴近时代，贴近残疾人需求，几十年下来为培育全社会扶残助残风尚、提高全民助残意识起到了积极的推动作用，取得了历史性进步和成就，残疾人的获得感、幸福感、安全感持续提升，也体现了我们社会的文明进步。每至于此，作为残疾人的我在感受关爱温暖的同时，总是扪心自问：助残日！我们该如何向你告白？答案只有一个：继续发扬自强不息精神，感党恩、听党话、跟党走。

那到底什么是自强不息精神呢？自强不息精神就是中华文明的主体精神，也是残疾人的自强之源。"自强"就是自我奋发，自主自尊，勇于进取。"自强不息"就是自知、自胜、矢志不移。老子说：知人者智，自知者明，胜人者有力，自胜者强。所谓"自强不息"，就是中国传统文化中的奋发图强、独立自主、锲而不舍的精神。换言之，倡导残疾人以自尊自信自强自立为主要内容追求的"四自"精神，就是残疾人的自强不息精神。其身残志坚、顽强拼搏、坚韧不拔、百折不挠的精神特征，就是"自强不息"精神的具体体现。在残疾人发展史上，无数残疾人通过付出超出常人的努力所展现出的其在心灵上、思想上给社会的启迪与激励，就是对自强不息精神的最好诠释。为倡导残疾人自强自立，我们国家先后六次召开全国自强模范暨助残先进集体和个人表彰大会，涌现出了一大批时代特色鲜明、事迹突出感人、社会影响广泛的残疾人自强典型，其根本内在也是和倡导弘扬自强不息精神密不可分的。

因此，我们要向社会告白，要发扬自强不息精神，就要与时俱进，就要更加深刻地理解"自强不息"精神在新时代的新内涵。我们要主动适应新时代的要求，不辜负党、政府和社会对残疾人的关爱与期望，自觉加强自我教育。要牢记初心、爱党爱国，努力学习、提高素质，爱岗敬业、勤奋工作，互帮互助、融入融合，团结奋斗、奉献社会。要勇于追求梦想，勇于面对挑战，勇于超越自我，以不屈的意志去演绎生命的真谛，以顽强的拼搏去书写人生，以能力和境界去赢得他人尊重，以汗水和毅力去收获成功，着力将感党恩、听党话、跟党走的追求落到实处，为新时代残疾人事业的高质量发展贡献力量。

## 书画园地

护好自己的老伴儿

王克勤绘画作品

# 爸爸，我想对您说

——写给我们爸爸的贺寿词

王　越

爸爸：

　　您的一生经历了那么多的苦难，酸甜苦辣，五味杂陈，感慨良多，我想说的话，像那滔滔的江水，奔涌而来，一时竟不知从何说起。

　　祝福，祝贺，祝愿？都是，也不都是。

　　您出生于江南水乡，16岁以优异成绩考入清华大学化工系，本科毕业后又读了研究生，之后被分配到石油大学，是筹建石油大学的元老，是石油大学的硕士生导师，是一位作出突出贡献的老科学家，高级知识分子，国务院政府津贴享有者。

　　您前半生，读万卷书行万里路，您后半生与疾病的抗争更让我们景仰。

　　您65岁退休后，在一次单位体检做B超时，医生发现您膀胱处有异常影像，建议做膀胱镜进一步检查。不幸的是，经过检查发现您罹患了膀胱癌。

　　当时三甲医院主任要您手术。摘掉膀胱，尿道改路，在腰间挂一个尿袋子。这就意味着排泄的尿液都在这个袋子里，异味随身，将让人很难受，而且术后需要长期服药，生活将非常不便。是否能够根除？仍然不能肯定。但在当时这就是最好的选择了。对一个男人来说，还会影响到夫妻生活，这是一件让人很难接受又很痛苦的事！可是90%以上的膀胱癌患者都是这样治疗的，这是治疗膀胱癌首选的常规手术，是最安全的手术。在所有的痛苦面前，生命是最重要的。面对这样的选择，您想另辟蹊径。

　　经过咨询多位权威肿瘤医院的主任专家，多家医院比对，参考咨询多名医生的建议与治疗方案，一名肿瘤医院主任的建议让您眼前一亮，最后您选取了这条在我们看来既大胆又冒险的保守方案，即不摘取膀胱，只是做介入手术切除病灶，再做化疗。

　　于是您在三甲医院做了病灶切除手术，并定期做将药物打进膀胱里的介入化疗。出院回到家，经过我们和妈妈细心周到的饮食调理，您一边休息，一边做化疗。几个疗程结束后，病情果然有很大的好转。您觉得这简直已经是起死回生了。

生活还要继续，一切回归正常。

闲不住的您又去公园散步，找朋友聊天去了。每天的生活忙碌而充实，妈妈主内做后勤，您主外去市场买菜，有时去逛街。与妈妈、兄弟"三口之家"日子过得有滋有味。

您的小儿子、我们的兄弟珩珩（兄弟小名）是个智力残疾人士，我们这个兄弟生下来时是个很聪明伶俐的孩子，只因您二老忙于工作无暇照顾，把他放在托儿所，不幸患上脑疾，耽误治疗，延误病情，造成终身智力残疾。今年也52岁了，过了天命之年的兄弟，心智却如3岁孩子。

两位古稀老人和一个智力残疾的儿子生活在一起，这是一个什么样的家庭啊？

珩珩很可爱，每当我和建炜买菜回家看望你们，珩珩就一跛一跛（因为脑子问题影响了腿脚）地过来开门，有时候我们出远门会给珩珩带回他爱吃的巧克力等小礼物，妈妈说："珩珩，你谢谢二哥二嫂没？"珩珩很听话，嘴里含混地说："嘿嘿，嗯，谢……二哥二嫂。"珩珩也很聪明，当我跟你们说话时，他能根据我的语气和表情，判断我说的内容是高兴还是气愤，于是随声附和：嗯嗯，呵呵，哈哈……

您每天陪他去温馨家园（政府给残疾人士设置的康复训练中心）上课，风雨无阻，从不间断。您知道他一天不去温馨家园，在家里就会烦会闹，这样大家都会不得安宁。兄弟现在每天除了去温馨家园上课，其余时间就是在家里看电视，他特别爱看动画片和打仗的节目，《董存瑞》《小兵张嘎》《地道战》《地雷战》等战争题材故事片也是他最爱的，反复地看，百看不厌，这已经成了他生活的一部分。您说看电视对他的语言能力提高很有帮助。但是珩珩毕竟错过了最佳康复治疗期，所以智力的提升空间很有限。作为一个智力残疾人，他也在努力适应生活，让人觉得既心疼又怜惜。他出门还必须得有人陪同，不然就找不到家，并且说不出家庭住址和家人电话，更别说上学识字写字了！前几年他还能独自走路，一次出门被身后的汽车喇叭声惊吓到，现在出门看见人多就站不起来，所以还要靠您来搀扶着走。他是一个完全丧失生活自理能力的重度残疾人士，是您二老的一块心病，而且未来毫无希望！

内心坚强的您，一边与癌症抗争，一边照顾着智力残疾的小儿子，这日子该有多难呀。想想都让人心疼。可就是这样的日子，也一直在平稳温馨中度过。

平安是福，可灾难并没有放过你。

在您76岁时，病痛再次找到您。一次体检，您又被检查出前列腺恶性癌变！

无论是对于一个人还是对于一个家来说，这都是一场天大的灾难！因为谁都知道，前列腺癌是非常险恶的一种癌症。这个刚刚曙光乍现的家庭又陷入了黑暗，可这一切并没有击垮您的意志，您选择负重前行，新的痛苦的诊疗又开始了。

做完穿刺和病理检查后，您拿着结果到北大医院和肿瘤医院找专家会诊，大夫们的治疗建议让您眼前出现一道亮光，大夫一致认为：这么大岁数了，不用管它，"与癌共存"！其实这是一个很好的建议，因为被称为绝症的癌症的死亡率也不过50%，你又为什么不可能成为幸运的那50%呢？在这样的年纪作出这样的选择显然是明智的。

就这样，您照常生活，毫无畏惧，您深知在这个时候，心理的治疗比药物的治疗更为重要。您始终生活在险恶癌症的阴影之中，可您的每一步路都走得那么坚定而有力。

您曾经给我们讲过一个故事，这个故事让我们终生难忘。

您说，在医院里有一个癌症患者去做癌症的复查，复查过后，却拿错了化验单，那化验单上写的是一切正常。这个身患癌症的人，欢天喜地地回到了家里。没过多久，病还真的好了。可他的化验单被一个没患癌症的人拿走了，没过多久，那个没患癌症的人死了，是被吓死的。

这个故事让我们笑了很多天。

您说，我都快80岁了，全世界有多少人能够活过75岁呀。我太知足了，我每多活一天都是一种"躺赢"。如果哪一天我死了，我都是笑着离去的。

您与膀胱癌斗争，与前列腺肿瘤共存的日子，舒缓与温和地继续着。

平时我们常去看望你们，帮助你们从网上购物，妈妈老说想吃叶类蔬菜，我们就买了送过去，让会做上海菜和粤菜的妈妈大秀厨艺。我们的女儿莹莹和女婿东东也很懂事，时常带着生活物品去你们那嘘寒问暖，他们也有了自己的孩子，身教胜于言教，孝心和爱是会传承的。

我和建炜结婚后，虽是半路夫妻，但我们互敬互爱，彼此信任，相互搀扶，关爱家人，共度后半生。建炜工作忙，提前退休的我还陪伴你们二老和珩珩出了趟远门，从北京坐火车去上海看望那里的姨和舅舅等亲人。当时的情景历历在目，妈妈坐着轮椅，您搀扶着珩珩，我拉着行李箱，边走边与外界交流。咱们四个"老弱病残"来到上海，车站广场上大家看到我们也是一道特殊的银色风景。接下来的一年，我又和亲家姐陪同你们三口，远跨 2000 千米到了祖国最南端的广东省肇庆市，看望外婆家的亲戚们，了却了作为姨舅中的长姐的妈妈的心愿。

在春节、五一、十一等节假日和家庭成员生日、你们结婚纪念日等重大日子，我们这个大家庭会组织全家聚会，以庆祝和纪念，增进亲情，和谐家庭氛围，我们深知，追求幸福生活，仪式感很重要。

让人感到不可思议的是，这样一过又是 10 多年，与癌症共存的 10 多年呀！除了之前的膀胱癌，又患上了前列腺癌的您，与两种癌症抗争共存

了 20 多年，更让人庆幸的是，您的前列腺肿瘤居然不治自愈了！这是生命的奇迹，还是苍天的眷顾？

可事情还远没有结束！

2018 年，88 岁高龄的您在一次如厕后，细心的妈妈发现您的尿液里留有血迹，在妈妈的建议下，您又一次去医院进行复查，不幸的是被切除的膀胱处长出新的肿物，经医生诊断膀胱癌复发！

我真不知道有多少人能够经得起这样一次又一次的打击。能够扛住这种打击的人，该有多么顽强的意志！您到底是一个幸运的人，还是一个不幸的人？ 说您幸运，因为您一直健在，并且渡过了一个又一个常人无法渡过的难关。说您不幸，您所经受的打击，一个比一个沉重！

您再次住院手术，我和建炜照顾。印象最深的是同病房的病友，一位比您小七八岁的老工人，精神与身体状况都比您差远了。爸爸您这边只有我和建炜分别白天黑夜陪床，手术过后您很快就能下床，活动自如，恢复很好；那边邻床的老工人，年龄比您小七八岁，尽管儿孙绕膝，可他还是病病歪歪的，一副萎靡的状态与您形成鲜明的对比。看来，"人活一

"口气"，积极乐观的精神面貌对提高免疫力、战胜病魔至关重要。得病可怕，更可怕的是精神上被击垮。

接下来出院回家，您定期去医院做化疗，进行后续治疗。一次我陪您去医院做化疗，我清晰地记得，化疗后，您坐在膀胱镜室外的长椅上，体形瘦弱的您平躺着伸直腿，费力扭动着身体，我问您，干吗？您平静地说："我活动活动身体，让药物尽快进入身体以便更好吸收。"您坚毅刚强的神情，让我终生铭记，展示在我面前的是您坚强不屈、永不服输的精神。

与癌症抗争这些年里，您还在建炜的陪同下坐火车自由行去了阿尔山、满洲里。这是一个多么乐观自信的人才能做到的呀。

兄弟是您和妈妈一生的遗憾与心结。现在一切尚好，可是你们终归不放心，怕你们百年之后，生活不能自理的珩珩没人照顾。所以您一个人辗转公交，想把建炜原来住过的房子卖了，换个近郊大些的房子，让我们和珩珩一起住，方便照顾他。您跟我们商量，房产证上写上珩珩名字行不？我们有什么意见？珩珩也是我们的亲兄弟，血浓于水，亲情永远胜过一切！我们陪您去看房并与中介洽谈，

虽然这事因为种种原因最后搁浅，但是您的心思与焦虑我们都了然。你们放心，珩珩会有人管的，我们永远是他的兄嫂！

疫情严重时，我们和大哥都隔离在管控封控区里，不能前去照顾，一个老弱病残的三口之家，全靠不会用手机支付的您去采买蔬果等生活物资。还好小区里就有菜市场和商店，您不用走远就可以完成采购，但是比起其他正常家庭，你们是多么艰难！年逾九十又身患癌症的老人，还要外出买菜，想想都让人心疼。不能在您身边照顾，作为儿女的我们是多么的无奈。如果您要卧床不起，这一家人又该怎么办？想到这里，我真想好好地哭上一场。写不下去了，让我哭一会儿吧。

我想，在困苦中，您能坚持这么久，靠的就是您强大的内心，坚强的意志和坚定的信念，儿女照顾再周到，也不如自身的坚强更有效！

那天，您对我说西四有个书店好久没去了想去看看，于是您一个人坐公交车又中途转车，从北五环的家中到位于西二环的西四新华书店，买书看书，回味过去的美好时光。

然而疾病并没有离您远去。

一年多以前，92岁高龄的您在复查中，又被发现膀胱肿瘤复发。因为没有床位，您除了正常生活，就是坐公交车去医院问询，一个月后终于住院做上了手术。还好这次手术同样成功，只是病灶又长大些。现在您在家中服用消炎药，慢慢恢复健康。这次治疗后您身体状况明显不如以前，由于创口大，造成尿路感染，您每晚多次如厕，休息不好，经过去医院输液加上近期口服抗生素消炎，情况终于有所好转。

在现有条件下，您与妈妈兄弟三口之家日子继续过着，过得其乐融融，知足幸福！

您与癌魔并存，与癌症抗争，而且病魔一次次袭来！历经近三十年，您创造了医学奇迹！别人问您幸福美满吗？我们说，答案当然是肯定的！幸福生活是我们毕生的追求，痛苦和折磨也是人生的一部分。喜、怒、哀、乐总是一起共存的，相互对立又相互依存，幸福的概念不是满足和享受，更多的是追求和获得。靠着这种奋斗和不屈不挠的抗争得来的幸福才弥足珍贵！

人活百岁不是梦！我们祝福您老人家长寿安康！与我们的妈妈携手白头，共逾期颐之年！

——写完这封信，我给爸爸打了电话，告诉他我们写信祝寿这件事。我说一是为歌颂您与疾病的抗争精神和我们这个大家庭的爱与温暖，更主要的是为了给您老人家鼓劲儿。他说："我术后由于伤口太大，有炎症不好愈合。经过吃中药西药各种治疗方案消炎，遗留的尿路感染现慢慢痊愈。"我笑说："按您说的，'大病如山倒，治病如抽丝'，不是急的事，慢慢治疗，又不等着上战场。"爸爸笑了，他说："是的，我现在尽量少活动，在床上静养，让伤口长好，炎症消失。"我说："好的，您真棒！""我们写完了用微信发给您，您眼睛不好，一天看一段，慢慢看，当作消遣。"他操着江南口音的普通话说："好的好的，让你们费心了，谢谢侬。"我说："一家人不说两家话，血浓于水，有妈妈和我们兄弟三人的关照与爱，您一定会越来越好的！"后来爸爸又用钢笔在白纸上写了封信微信拍照发给我："我不愿意露脸，有些地方有夸大的，我只是一生勤勤恳恳为教育事业工作而已。"一个多么谦逊而低调的老人！

# 挂在树梢的空巢

龚伟志

时至年末，寒假将至。十字路口的这棵梧桐树独立在寒风中，枝丫伸展。我见证它的一年四季已两载有余。它没有了夏日的茂盛，可枝干依旧挺拔，虽是沉稳却有了几分沧桑。光秃秃的树枝，在寒风中摇曳，独留几分萧瑟。

树梢上的鸟巢，它孤独、安静、寂寞地坐立在枝丫中，恓惶无助地眺望着远方。

树底下，一栋有点年代的一层楼带瓦老房子与这棵梧桐树相依为命。房子的外墙白粉已经有点脱落了，门口凌乱地堆放着几个快风干了的红薯。高高的门槛里边，王奶奶穿着一件颜色特别亮丽的花袄。听到我喊她，便招呼我过来坐坐，因为接小孩的时间还早，我便和老人家多聊了一会儿。

王奶奶有两儿一女，两个儿子在云南做生意，几年才回来一次，回来也不住家里，每次给她买足油和米，然后塞给王奶奶侄儿两千块钱，嘱咐

他给老人家买点东西。王奶奶是拒绝随孩子们远居的，她在这片土地上耕种了一辈子，在这泥土里深深地扎下了根，对这亲手垒起的一砖一瓦更是有着深厚的感情。

"妹子，帮我打个电话给我儿子，他们不知道我的眼睛已经开始看不太清了，这段时间都是请别人帮我拨号，人老了不得了哟！养小孩，日日鲜。养老人，日日嫌呢！"这字字句句除了有太多的无奈，更有几分可怜。

"莫这么说，人人都要老。"我似乎找不到比这句话更合适的安慰。

电话接通，孩子们都不会回来过年。王奶奶强忍失落，满嘴的叮咛和安慰，嘱咐他们放心，快要挂电话时，她突然哽咽了，"孩子啊，我很好，只是明年清明你们能不能去村头看看你们的父亲，他在世时，日日坐在门槛把你们张望呀！我怕他在那边也还盼哪，盼你们去告诉他你们的近况啊！"

厨房里一股烧焦的味道传了出来。我忙进厨房，看到一个驴胶补血

冲剂碗，里面是剩饭加一点白菜，还有一点霉豆腐，这饭菜应该是中午剩下来的，放在火上加热。王奶奶颤颤巍巍地接过这偌大的碗，用筷子把米饭夹了起来，双手抖动得很厉害，米饭总是拒绝进她的嘴。她还无奈地调侃说，来年只能脖子上挂饼了。低头时我分明看到了滴落在米饭上的泪珠。

一群突奔的孩子打破了这有点心酸的气氛。我也曾如他们这般年纪，也日日围绕着父母，更是不断地索取。而今，该是我回报的时候了，可他们还是一如既往甘之如饴地享受我的索取，似乎我的索取能让他们觉得他们的存在是有价值的。

"宝贝，我们去外婆家吧？"她很是开心，挂念着外婆家的零食、玩具。而我此刻突然想回家做点什么。

为母，我一半希望自己的孩子展翅高飞，一半希望他们扎根泥土。

孩子的高飞，注定了父母的孤独，而孤独的极致是老无所依。一张张干瘪的脸上，一双双凹陷的眼眸，虽已是灰蒙，可总会久久地盯着前方，盼望着高飞的孩子归来，他们始终坚信，有他们在，孩子们定不忘归途。他们始终相信，有他们在，一定会在某种意义上深深地激励孩子。

当有一天他们年事已高，便会觉得自己是孩子的累赘，只有报喜不报忧，方能使孩子心无旁骛地飞得更高。

"妈妈，那里有个鸟巢，鸟巢里没有鸟吗？鸟是不是都去了南方？明年还会不会回来？风这么大，鸟巢会不会被吹走？"

"鸟巢里当然会有鸟，只是去了很远的南方。大风吹不走这鸟巢，鸟巢是由无数个三角形筑成的，很稳固。鸟儿明年都会回来的，因为它们的窝在这里。"

那些远方的游子，别怕路遥，因为转眼就是两三年。别怕麻烦，一辈子或许只在转眼间。别让远方家人的期盼变成失落。别让自己的犹豫成为遗憾。

梧桐树下的老房子门槛上没有了老人，只有那微弱的光芒在拼命地照亮着这漆黑的房子里每一处角落。

燕子归来寻旧垒，风华尽处是离人。

# 船主直播"江上人生"：别样的爱与善感动全网

阳 光

"渝忠客2180"号客轮，是一艘行驶在重庆市忠县—洋渡镇航线的乡间老铁船，每天载满了乘客和背篼、菜篮、挑担，十年如一日地航行着，见证了乡村留守老人进城卖菜的琐碎日常。船长秦大益和船娘芳姐的故事，本应如他们每天必放的民歌《凉州词》那般"寒沙茫茫风打边，劲草低头丘连绵"。但一不小心"触网"后，他们竟以不可思议而又温暖治愈的方式，迅速火遍全网，收获了百万粉丝。这背后有着怎样的故事？

### 登船皆供饭，直播述人生

初秋的清晨，重庆忠县洋渡镇码头飘着小雨，江面上薄雾蒙蒙。这里唯一的客轮"渝忠客2180"，静静地停泊在岸边。43岁的船主秦大益照常拉响了船笛，并让儿子去帮扶那些登船的老年乘客。只见他们肩扛手拎着自家地里产的果蔬，脸上洋溢着纯朴的笑容。这时，售票员曹利芳的儿子涛涛也开启了新一天的手机直播，全

程记录两家人的摆渡生活……近些年来，他们几乎每天都这样出发。

和小秦搀扶着老年乘客上船后，曹利芳又给大家分发早餐。"不够吃再跟我要啊，嬢嬢！""馒头要小口吃，小心别噎着，胡叔叔。"曹利芳含笑叮咛。有老人举起一张纸币，提醒曹利芳别忘卖票。"今天的船票，有一位爱心大哥已经替你们买啦！""啊？那太感谢了！"老人们纷纷放下手中的馒头和稀饭，双手合十，对着她手上的手机镜头连声道谢。

伴随着"呜呜"的汽笛声，这艘

漆皮斑驳的旧铁船离岸前行。秦大益双手将舵盘转得飞起，两个发动机操纵杆一前一后，稳稳地操控着船头转向，再加速航行……

从洋渡镇到忠县的西山码头，"渝忠客2180"沿途停靠4个站点：渔洞、乌杨、康家沱和胖子沱。上午8点30分，接完最后一站的乘客后，船舱外已满满当当。红的水蜜桃、绿的人西瓜、紫红的李子、颗粒饱满的糯玉米……这些颜色鲜丽的农作物，在直播镜头里变得赏心悦目。

江风温柔，细雨霏霏，早上9点，这艘"水上公交船"准时停靠在终点站西山码头。下了船，就是100多级台阶，这也是菜农的临时卖菜点。

过去一个多月里，天气晴朗，来码头边买菜的人很多，大家的菜很快一卖而空。但今天的雨下得大，只有零星几位顾客。雨越下越大，好多老人还没有开张。

秦大益他们一合计，决定带老人们去菜市场。"不能让他们再把菜挑回去。"秦大益的自言自语，引起了直播间几名粉丝的注意。"那位头戴白头巾的老爷爷的小葱和豇豆，我全都要了。麻烦船长帮我买了送给环卫工人。""'爱笑阿姨'的玉米我全包了，麻烦送到福利院或学校。"

负责直播的小秦见状来了精神，急忙在直播间里吆喝："在这附近的哥哥姐姐、叔叔阿姨们，快来西山码头！今天的豇豆又嫩又便宜，李子和水蜜桃再过几天就要下市了！"涛涛也开始嚷嚷："糯玉米两元钱一斤，过了这村就没这店啦！"

下午2点多，菜农们满满的担子和背篓都卖空了，雨也终于停了。不一会儿，汽笛声再次响起，"渝忠客2180"准时返航。"叔叔、孃孃，有位好心姐姐帮你们买了返航的船票。"曹利芳顿了顿，接着说，"还有位爱心大哥，给咱们买了热腾腾的午餐！"

"谢谢船长！""谢谢曹妹儿！"疲惫不堪的老人们突然来了精神。在驾驶位上望着滔滔江水，船长秦大益的思绪不由得回到了多年前……

### 最后的"水上公交"

秦大益是重庆忠县洋渡镇渔洞村人，家里三代都是长江中的船长。他爷爷曾开过纤夫拉拽的客船，父亲曾驾驶过最初级的机动船，从18岁接过父亲的衣钵后，秦大益就靠着跑船养活自己。

洋渡镇紧邻长江，在陆上交通不便利的时代，水运是当地人出行的主要方式。沿江而居的人口上万，高峰时节，每天往返洋渡镇至忠县的客轮

有10艘30多个班次，春运期间更是从早到晚滚动发班。虽然很辛苦，但秦大益靠开船养活了父母、妻子和一对儿女。

今年42岁的曹利芳，婚后一直和丈夫在湖北打工。2013年，因为大儿子即将上初中，婆婆的身体也大不如前，曹利芳结束打工生活回到洋渡镇。得知秦大益想买船经营还差钱，曹利芳决定与他合作。就这样，两人各出40万元合伙买下一艘旧客轮，包下了忠县至洋渡镇的航线。

秦大益开船，曹利芳包揽售票、验票和保洁等船务工作。当时的客轮名都是随意取的，秦大益就用自己的

网名给客轮取名为"一哥号"。后来海事部门进行统一规范，"一哥号"改成了"渝忠客2180"。

秦大益和曹利芳花光积蓄买下了这艘船，为了更快把本钱赚回来，他们天天早出晚归，往返两三趟，其间的辛苦自不待言。那时水路生意好，几乎每趟都满员。

但好景不长，2016年年底，经过洋渡镇的沿江高速公路通车了。去县城的陆路由原来的100多千米缩短为40多千米，坐船进城要2个小时，而坐客车只要50分钟。秦大益和曹利芳的生意，也一天不如一天。

鼎盛时期，这条航线有10艘客轮，但是到了2022年3月，"渝忠客2180"已经成为最后一艘乡间客轮。平时有二三十位乘客，下雨天的人数只有个位数。坚持还是放弃？秦大益和曹利芳都犹豫了。

秦大益开了26年船，对长江有很深厚的感情。"不干这个，我还能干什么呢？"洋渡镇盛产蔬菜，自从江上有船以来，沿江群众就有种菜进城售卖的习惯。客车容不下簸箕、背篓、箩筐和大量蔬菜，更不允许带活禽。另外，不少群众沿江而居，坐客车要走很远的路还得转车，停在家门口的船更方便。进城卖菜的多是60～80多岁的老人，船票比汽车票便宜三分之一，他们哪里舍得坐客车？如果航线停运，种了大半辈子菜的老人，就要失去唯一的收入来源。

当时，曹利芳的小儿子马上就要读高三，公婆也70多岁了。"我必须留在家里照顾老小，但附近又找不到工作。"经过短暂的犹豫后，两人达成了一致："渝忠客2180"继续运营。

为节约开支，他们将班次从原来的每天两趟减为一趟。春季和冬季是清晨7点出发，夏天和秋天则是6点30分起程。上午9点之前抵达县城，下午2点30分原路返回。每到周日，住在江边的孩子要坐船回县城上学，秦大益就会在到达终点站后，立即空船返航去接孩子们，"站站都停，哪怕只有一个学生上船"。

2022年6月初，秦大益的儿子大学毕业后回家小住。他跟着父亲跑船，帮忙做些力所能及的活儿。6月22日，小秦拍下客轮从起航到停靠的全部过程。每次靠岸，秦大益和曹利芳都会下船，搀扶老人上船或接过他们的担子和背篓；船至终点，他们又会帮老人把东西搬下去。

小秦将2个多小时的视频素材剪

辑成3分钟的短视频，于6月24日发布在了父亲的个人抖音号"一哥"上，感性的他配上了这样一段文字："洋渡镇至忠县水上公交船。几两碎银苦中求，忙忙碌碌几时休。"背景音乐则选了父亲最喜欢的歌曲《凉州词》："寒沙茫茫风打边，劲草低头丘连绵，月儿空照千里酒，抬头遥望北飞雁。黄河远上白云间，一片孤城万仞山……"

第二天早上醒来，小秦发现这条视频有6万多点赞，近5000条评论，4000多次转发。

"渝忠客2180"火了，抖音粉丝从当初的3万多骤升到20多万，粉丝们开始催更，说这样的场景超级治愈，最抚凡人心。

原打算去重庆找工作的小秦，决定在船上再待一段时间。"我会坚持拍视频，让更多人关注'渝忠客2180'，这样我们就不用卖船了，老人们也能继续进城卖菜。"

看到父亲和曹阿姨的抖音平台粉丝越来越多，分别达到50多万和10多万，小秦来了灵感：何不开直播帮老人卖菜呢？秦大益和曹利芳马上摇头，大家的菜都是新鲜的，没办法挂小黄车邮寄。小秦说："我是让大家看到直播，直接来码头买。"秦大益半信半疑，决定试一试。

## 凭借爱与暖走红网络

2022年9月27日早上，秦大益和曹利芳分别通过抖音号"一哥"和"船娘芳姐"，开启了第一场直播，将"渝忠客2180"从出发、行驶，到靠岸的全过程，真实展现在粉丝面前。

船至康家沱站，两个直播间的人数分别从一开始的几十人，飙升到5000多人和3000多人。"我看到妈妈了！""天啊，那不是我外婆吗？我好想她！""在大城市打拼的我，看到如此温暖接地气的画面，直接泪奔……"

在他们的直播间里，出门打工的游子深情地讲述着乡愁；没来过农村的城里人毫无保留地表达他们对乡野生活的向往；还有住在附近的人，一个劲儿问客轮什么时候靠岸……

那天，码头旁的台阶上站了好多人，都是看了直播过来的。船刚靠岸，就有人跑上来，帮老人把菜篮子、背篓搬下去。老人们的菜很快就卖完了。小秦长舒一口气，他知道，这条路，自己还要再往前走走看。

从那以后，"一哥"和"船娘芳

姐"每天定时直播。慢慢地，周边区县的网友也专程开车来到西山码头买菜，老人们的菜一到码头就被抢购一空，他们开心地去附近逛街，或者回到船上补觉、打扑克、唠嗑。

得知有菜农天不亮就要起来摘菜，有的甚至要摸黑走两三个小时才能赶到码头乘船，因此长期无法吃上早饭，网友们通过直播"打赏"的方式，请秦大益和曹利芳代买早餐；乘船老人都上了年纪，有热心网友采取包船的方式让乘客们免费乘船；见有的老人衣着单薄，网友们就委托秦大益和曹利芳买衣服、鞋袜；有独居老人晚上回家后随便吃点儿零食充饥，粉丝还会委托曹利芳为他们做一顿可口的晚饭……

虽然跑船很辛苦，但秦大益和曹利芳从不拒绝网友的请求，并通过直播的方式展现整个爱心传递的过程。洋渡镇至忠县航线上的最后一艘客轮，也以秦大益和曹利芳不敢相信的速度和方式重新焕发了生机。

被关注和寄予厚望虽然让人压力很大，但他们庆幸当初没有放弃，才让所有辛苦和付出都有了别样的意义。"粉丝越来越多，早餐天天都有人买，有时还有人包买船票，所以，

进城卖菜的老人一天比一天多，我们也更有信心了！"秦大益说。

进城卖菜的老人中，七八十岁的占了一多半，年纪最大的92岁。"最年轻的也有60多岁。"曹利芳说，叔叔、爷爷们的担子都在100斤以上，阿姨和奶奶们的背篓也有六七十斤。辛苦忙碌一整天换来100多元，这是老人的血汗钱，也是他们穿衣吃饭、帮扶后代和应付人情往来的全部。"所以，我们这艘'最后的水上公交船'要一直开下去！"曹利芳说。

在镜头捕捉不到的地方，秦大益和曹利芳也一直播洒爱心。以前，"渝忠客2180"在县城停靠临江岩临时码头，菜农步行十几分钟后，能在9点30分前赶到人流量很大的巴王路菜市场。2020年1月后，停靠点被调整到1千米外的西山码头，菜农们要步行半小时才能到菜市场，腿脚不便或担子过重的老人往往要走四五十分钟。

这样一来，他们既错过了最佳销售时间，还得提前赶回码头搭船回家，菜卖不完是常有的事儿。见老人们唉声叹气，秦大益和曹利芳就掏钱买下他们没卖完的菜，再送给环卫工人或附近的小菜馆。这件事，在没拍短视频和开直播前，他们就一直

在做。

常年乘船卖菜的老人中，"红薯奶奶"种了很多胡豆，为保证豆子新鲜，她每天凌晨1点就要起床剥胡豆，剥完后天也彻底亮了，再背着背篓赶往码头。秦大益知道后，带着儿子去老人的家里，帮忙摘下胡豆后带回家，和家人一起剥完后，第二天早上帮"红薯奶奶"带上船。

还有一位86岁的老奶奶，经常在卖完菜后忘记回家的路，曹利芳就一路护送她到家。每隔一段时间，他们还会带着网友的爱心去敬老院和福利院。

他们的付出感染着越来越多的人。网友秀姐每天早上9点来到西山码头，帮行动不便的老人将菜从船上挑到台阶上，并热心帮忙推销、称重和算账；郭丽萍、任燕群每天下午2点30分来到码头，默默地清理留在码头上的垃圾。

秦大益在外地做生意的表弟、70多岁的老母亲，曹利芳的老公、刚参加完高考的儿子和外甥女，也纷纷走上"渝忠客2180"，和船长、售票员一起将越来越多的爱心与梦想传递出去。

"爱心不值得炫耀，但必须去宣传，世间的美好莫过于爱心在循环，善心在传递，愿每个人都能被温暖。"最近，曹利芳在微信朋友圈写下的这段话，令人敬佩，也让人暖心。

## 摄影天地

马潇潇摄影作品

**问：适合老年失眠患者的运动项目有哪些，应注意哪些问题？**

**答：**适合老年失眠患者的体育运动项目有很多，如跑步、打球、游泳、保健操、太极拳等，可根据自己的身体状况及兴趣，选择1～2个项目，坚持锻炼，必有成效。

进行运动时要注意以下问题：

（1）在睡前6小时进行运动为最佳。

（2）运动时间至少30分钟。

（3）运动的强度以出汗为佳。

（4）运动应持之以恒。

（5）头几天不宜剧烈运动，以免过劳影响健康。

（6）长期规律的中等强度锻炼。

最近的研究显示，每周进行4次30～40分钟的耐力训练，诸如快速行走、低压氧练习，可以明显提高老年人的睡眠质量。

**问：老年心血管疾病用药原则是什么？**

**答：**（1）要有明确适应证。用药受益应大于风险选择，不良反应小，服用医学证明疗效确切的药物。

（2）小剂量用药。从小剂量开始逐渐达到个体最适剂量，一般主张用到成人的1/2或3/4。

（3）同时用药的种类和数量要合理控制。

（4）择时原则。选择最合适的用药时间进行治疗。

（5）停药过程必须非常谨慎。